干部**应知应会**法律知识精讲系列
封丽霞 / 总主编

行政法律
知识精讲

中共中央党校（国家行政学院）政治和法律教研部

韩春晖　张效羽　金成波 / 著

中央党校出版集团
国家行政学院出版社
NATIONAL ACADEMY OF GOVERNANCE PRESS

图书在版编目（CIP）数据

行政法律知识精讲 / 韩春晖，张效羽，金成波著. -- 北京：国家行政学院出版社，2024.5
ISBN 978-7-5150-2896-5

Ⅰ.①行… Ⅱ.①韩… ②张… ③金… Ⅲ.①行政法—基本知识—中国 Ⅳ.① D922.104

中国国家版本馆 CIP 数据核字（2024）第 061566 号

书　　名	行政法律知识精讲 XINGZHENG FALÜ ZHISHI JINGJIANG	
作　　者	韩春晖　张效羽　金成波　著	
统筹策划	刘韫劼	
责任编辑	李　东	
责任校对	许海利	
责任印制	吴　霞	
出版发行	国家行政学院出版社 （北京市海淀区长春桥路 6 号　100089）	
综 合 办	（010）68928887	
发 行 部	（010）68928866	
经　　销	新华书店	
印　　刷	北京盛通印刷股份有限公司	
版　　次	2024 年 5 月北京第 1 版	
印　　次	2024 年 5 月北京第 1 次印刷	
开　　本	170 毫米 ×240 毫米　16 开	
印　　张	16.5	
字　　数	190 千字	
定　　价	52.00 元	

本书如有印装质量问题，可随时调换，联系电话：（010）68929022

序言

做尊法学法守法用法的模范

为深入贯彻落实习近平法治思想，依据《法治中国建设规划（2020—2025年）》等要求，中央办公厅、国务院办公厅联合印发《关于建立领导干部应知应会党内法规和国家法律清单制度的意见》，对领导干部应知应会党规国法的重点内容进行明确，突出强调领导干部作为全面依法治国的"关键少数"在法治社会建设中的示范带头作用。这对于推动领导干部自觉遵守党规国法、提升运用法治思维履职尽责能力，督促领导干部严于律己、严负其责、严管所辖将产生积极深刻的影响与裨益。

学法懂法是守法用法的基础和前置环节，也应作为领导干部履职从政的必修课。仅有简单的直觉产生不了法治意识，更不可能具有科学性质的法治思维。法律知识是各级领导干部知识体系中的基础内容。这是因为，领导干部具体行使党的执政权和国家立法权、行政权、监察权、司法权。如果不了解国家法律"应知应会"的一般性知识，就根本谈不上依法用权和正确履职，也谈不上运用法治思维和法治方式去化解经济发展和社会治理中的各种难题。

现实当中，尽管依法治国早已被确定为党治国理政的基本方式，但还有一些领导干部仍然不学法、不懂法，甚至是不屑学法，有的连基本法律常识都不知道。习近平总书记指出："在那些违法乱纪、胡作非为的领导干部中，相当多的人是长期不学法、不懂法。许多腐败分子在其忏悔录中都谈到，不知法是自己走向腐败深渊的一个重要原因。各级领导干部或多或少都学过一些法律知识，但同全面推进依法治国的要求相比，还很不够，必须加强学习，打牢依法办事的理论基础和知识基础。要系统学习中国特色社会主义法治理论，准确把握我们党处理法治问题的基本立场。"习近平总书记还强调："法律规定白纸黑字摆在那儿，要多学学、多看看，心中高悬法律的明镜，手中紧握法律的戒尺，知晓为官做事的尺度。法律是行使权力的依据，只有把这个依据掌握住了，才能正确开展工作。"

显然，各级领导干部要真正做到"法无授权不可为"和"法定职责必须为"，就要求领导干部知道有哪些法定职责，哪些可为，哪些不可为，弄明白党内法规和国家法律规定怎么用权，什么事能干、什么事不能干，心中高悬法律法规的明镜，手中紧握法律法规的戒尺，知晓为官做事的尺度，而这些必须通过学法的过程来获得。为此，领导干部必须养成经常"充电"、常规化学习法律知识的习惯，把学习应知应会的党内法规和国家法律作为履职从政的必修课，把学习法律法规作为学习的"新常态"，真正做到先学一步、先学再干。只有掌握了基本的法律法规知识，才能在脑子里绷紧法律底线这根"弦"，才能把宏观抽象的依法治国转变为具体的法治思维和行为方式，才能真正养成依法用权和依法办事的行动自觉。

中央办公厅、国务院办公厅《关于建立领导干部应知应会党内法规和国家法律清单制度的意见》列明了领导干部应当掌握的最基本的国家法律，主要包括认真学习宪法、总体国家安全观和国家安全法、推动高质量发展相关法律、民法典、刑法和公职人员政务处分法、行政法律以及与履职密切相关的其他法律。

第一，宪法是领导干部要认真学习的。宪法是国家的"母法"和根本大法，是法律体系之统帅，具有最高的法律地位、法律效力和法律权威。关于领导干部学习宪法的必要性，习近平总书记专门指出，我们就是在不折不扣贯彻着以宪法为核心的依宪治国、依宪执政，我们依据的是中华人民共和国宪法。每个党政组织、每个领导干部必须服从和遵守宪法法律。因此，作为维护宪法权威和保证宪法实施的最直接责任者，各级党政机关尤其是党政主要领导干部务必学好宪法、学懂宪法、学透宪法。

第二，学习总体国家安全观和国家安全法。国家安全是中华民族复兴的根基，也是推进党和国家各项工作的前提。通过学习保守国家秘密法、网络安全法、生物安全法、突发事件应对法、反恐怖主义法、反间谍法、数据安全法等法律制度，领导干部要增强国家安全意识和素养，统筹发展与安全，提高运用法律武器防范化解重大风险的能力，增强依法斗争本领，把维护国家安全贯彻到党和国家工作的各个方面和全部过程。

第三，学习高质量发展相关法律。高质量发展是全面建设社会主义现代化国家的首要任务，也是当前各地区各部门的工作中心。与之相关的法律主要包括循环经济促进法、乡村振兴促进法、预算法、科学技术进步法、中小企业促进法、外商投资法等，以及与建设现代化产业体系、优化营商环境、全面推进乡村振兴、推进高水平对外开放、实施科教兴国战略、推动绿色发展等相关的法律。通过这方面法律知识的学习，领导干部要坚定以法治为引领推动经济高质量发展的信心与自觉,依法保护民营产权和企业家权益,依法规范和引导资本健康发展,营造市场化、法治化、国际化一流营商环境。

第四,学习民法典。民法典是新中国成立以来我国第一部以法典命名的法律,在中国特色社会主义法律体系中具有重要地位,是一部固根本、稳预期、利长远的基础性法律。民法典颁布之后,中共中央政治局专门就"切实实施民法典"进行集体学习。习近平总书记要求,各级领导干部要做学习、遵守、维护民法典的表率,提高运用民法典维护人民权益、化解矛盾纠纷、促进社会和谐稳定能力和水平。领导干部学习民法典,才能了解政府在维护人民生命健康、财产安全、交易便利、生活幸福、人格尊严等方面的法定职责,更好保障人民合法权益。

第五,学习刑法和公职人员政务处分法。刑法是关于犯罪与刑罚的规范性文件的总称,专门规定犯罪的构成要件、罪名以及刑罚的主要种类。一方面,通过学习刑法,领导干部能够了解和掌握罪刑法定、平等适用、罪责刑相适应等刑法的基本原则,在实践当中既要依法打击犯罪又要依法保障人权。另一方面,学习关于国家工作人员职务犯罪、单位犯罪等方面的刑法规定及公职人员政务处分法,有助于领导干部树立底线思维,不触碰法律红线。

第六,学习行政法。行政法的价值首先在于"限权",即把公权力关进法律法规所铸就的制度之笼,借此来保证各项权力在法治的轨道上运行。行政法的另一重大价值在于"保民",即以法律形式规定政府的权限范围,要求政府"法无授权不可为""法定职责必须为"。领导干部应当学习行政诉讼法、行政强制法、行政复议法、行政处罚法、行政许可法、国家赔偿法、公务员法等，从而有效规范行政许可、行政处罚、行政强制、行政裁决等活动，提高依法决策、依法用权的能力。

为落实中央办公厅、国务院办公厅《关于建立领导干部应知应会党内法规和国家法律清单制度的意见》，提高领导干部学习应知应会国家法律的精准性、科学性、系统性、实效性，中央党校（国家行政学院）政治和法律教研部策划并组织撰写了这套"干部应知应会法律知识精讲系列"丛书。本丛书以广大领导干部为主要阅读对象，紧贴领导干部的工作需要，力求集理论性、实践性、可读性于一体。希望这套丛书对于领导干部学习掌握应知应会国家法律，认真践行习近平法治思想有所启发和帮助。

封丽霞

2024年5月

前言
PREFACE

　　法治是治国之正道，依法治理是最可靠、最稳定的治理。执法者是依法治国中最积极、最能动、最关键的要素。为此，2023年8月，中共中央办公厅、国务院办公厅印发了《关于建立领导干部应知应会党内法规和国家法律清单制度的意见》，要求建立健全领导干部应知应会党内法规和国家法律清单制度，全面提升领导干部法治能力和法治水平。其中，行政法律是领导干部应知应会国家法律的重中之重。因为，我国有约80%的法律依靠行政机关来执行，约有80%的国家机关工作人员是行政机关的工作人员。这两个"80%"表明：行政权作为整个国家权力体系中最积极、最直接、最频繁和老百姓接触的公权力，是民心聚散、起伏澎湃最为敏感的"接收器"，也是汇聚民心、凝聚共识最为有效的"着力点"。可见，非常有必要大力提升各级干部对行政法律的理解和适用水平，大力推进我国国家治理体系和治理能力现代化。鉴于此，我们撰写了这本干部应知应会的《行政法律知识精讲》。

　　本书共十讲。第一讲为"行政法律概述"，对行政法律的概念、特征和体系进行简略介绍，勾勒出行政法律的基本框架。第二讲至第十讲则选取了我国行政法律中最重要的7部行政法律和2部行政法规依次单独成章进行介绍和阐释。"7部行政法律"为《公务员法》《行政许可法》《行政处罚法》《行政强制法》《行政复议法》《行政诉讼法》《国家赔偿法》；"2部行政法规"为《重大行政决策程序暂行条例》《政府信息公开条例》。

这9部行政法律法规中,《公务员法》为行政组织法,《行政许可法》《行政处罚法》和《行政强制法》为行政行为法,《重大行政决策程序暂行条例》和《政府信息公开条例》为行政程序法,《行政复议法》《行政诉讼法》和《国家赔偿法》为行政救济法。这几部法律从"组织—行为—程序—救济"全过程建构起我国完整的行政法律体系。

除第一讲外,其他章节基本上按照"法律概述—法律知识要点—常见法律问题"的逻辑展开。贯穿其中的脉络有三:一是从宏观、中观到微观的聚焦过程。"法律概述"重在阐述立法目的和考量;"法律知识要点"重在介绍制度和规范;"常见法律问题"重在分析适用难题和思路。二是从理论到实践的认知过程。"法律概述"重在澄清法理;"法律知识要点"重在理解法条,"常见法律问题"重在实践应用。三是从了解、理解到应用的行动过程。"法律概述"对干部的学习要求是"了解","法律知识要点"的学习要求是"理解","常见法律问题"的学习要求是"应用"。这种学习要求是逐步提升的过程,旨在促使各级干部真正达致"知行合一"境界。

本书由韩春晖、张效羽、金成波三位教授共同完成。其中,韩春晖撰写了第一讲、第二讲、第五讲和第九讲;张效羽撰写了第三讲、第四讲和第六讲;金成波撰写了第七讲、第八讲和第十讲。此外,中共中央党校(国家行政学院)博士生刘雅琦承担了本书的编排统稿工作,硕士研究生郭嘉麒、李诗欣为张效羽教授的写作承担了资料梳理等基础工作,国家行政学院出版社编辑老师对书稿进行了细致审读、调整和编辑,对他们的辛苦付出和所做贡献一并感谢!

目 录
CONTENTS

第一讲　行政法律概述

一　行政法律　/ 002

二　行政法律的基本特征　/ 004

三　我国行政法律体系　/ 006

第二讲　公务员法

一　法律概述　/ 012

二　法律知识要点　/ 023

三　常见法律问题　/ 032

第三讲　行政许可法

一　法律概述　/ 040

二　法律知识要点　/ 045

三　常见法律问题　/ 060

第四讲　行政处罚法

一　法律概述　/ 066

二　法律知识要点　/ 071

三　常见法律问题　/ 084

第五讲　行政强制法

一　法律概述　/ 094

二　法律知识要点　/ 099

三　常见法律问题　/ 118

第六讲　行政复议法

一　法律概述　/ 128

二　法律知识要点　/ 133

三　常见法律问题　/ 149

第七讲　行政诉讼法

一　法律概述　/ 158

二　法律知识要点　/ 163

三　常见法律问题　/ 174

第八讲　国家赔偿法

一　法律概述　/ 182

二　法律知识要点　/ 186

三　常见法律问题　/ 197

第九讲　重大行政决策程序暂行条例

一　法律概述　/ 208

二　法律知识要点　/ 218

三　常见法律问题　/ 221

第十讲　政府信息公开条例

一　法律概述　/ 230

二　法律知识要点　/ 236

三　常见法律问题　/ 242

行政法律概述

第一讲
CHAPTER 1

一 行政法律

行政法律，常被简称为行政法。我们今天讲的行政法，是近代意义上的理解。"对行政法的理解，首先要区别古代意义和近代意义。认为行政法就是有关国家管理的法，从而把国家管理制度、官吏制度等同于行政法，这是从古代意义上说的。而近代意义上的行政法，是指国家划分出行政职能后，有关专门规定行政职能及其实施的法律规范。"[①]

对于近代意义上的行政法的认识和理解，也有一个不断发展深化的过程。1983年出版的我国第一本行政法教材——《行政法概要》中说："行政法是一切行政管理法规的总称。国家有关行政管理方面的法规种类繁多，具体名称不一，但就其内容来说，凡属于国家行政管理范畴的，在部门法的分类上统称为行政法。行政法是规定国家行政机关的组织、职责权限、活动原则、管理制度和工作程序的，用以调整各种国家行政机关之间，以及国家行政机关同其他国家机关、企业事业单位、社会团体和公民之间行政法律关系的各种法律规范的总和。行政法是一个独立的法律部门，是国家法律体系中的重要组成部分。"[②]罗豪才、姜明安认为："行政法是调整国家行政机关在行使国家行政管理职能过程发生的各种社会关系（行政关系）的法律规范的总和。这些法律规范存在于宪法、法律、行政法规、行政规章、地方性法规、自

---

① 胡建淼：《行政法学》，法律出版社2023年版，第10页。
② 王珉灿主编《行政法概要》，法律出版社1983年版，第1页。

治条例和单行条例之中。"①皮纯协等认为:"行政法是调整行政关系的法律规范的总称。行政关系指行政权运作过程中发生的社会关系。"②张树义认为:"所谓行政法是调整行政活动的法律规范的总称,它主要规范国家行政权力的组织、行政权力的活动以及对行使权力后果如何补救,其目的在于实现依法行政,确认或建立行政法律秩序。"③高家伟认为:"行政法是调整在公共行政的组织、活动、程序、监督和救济等方面所产生各种社会关系的法律规范的总称。"④胡建淼认为:"所谓行政法,是指有关国家行政管理的各种法律规范的总和,是以行政关系为调整对象的一个仅次于宪法的法律部门,其目的在于保障行政职权运行的合法性和合理性。"⑤可见,学界对行政法的理解有两个基本共识:一是行政法与行政管理(即行政权)密切相关;二是行政法调整对象是行政关系。

我们采用学界通说,认为行政法是指调整行政关系的,规范和控制行政权的法律规范系统。其中,行政关系主要包括四类:第一类是行政管理关系;第二类是行政法制监督关系;第三类是行政救济关系;第四类是内部行政关系。⑥

作为一个法律规范系统的行政法,是仅次于宪法的独立法律部门,具有很高的法律地位。第一,行政法从属于宪法,但也仅次于宪法。

---

① 罗豪才、姜明安:《我国行政法的概念调整对象和法源》,载《法学研究》1987年第4期。
② 姜明安、皮纯协主编《行政法学》,中央党校出版社2002年版,第4页。
③ 张树义:《行政法与行政诉讼法学》,高等教育出版社2002年版,第19页。
④ 马怀德主编《行政法学》,中国政法大学出版社2007年版,第26页。
⑤ 胡建淼:《行政法学》,法律出版社2023年版,第12页。
⑥ 参见姜明安主编《行政法与行政诉讼法》,北京大学出版社、高等教育出版社1999年版,第7页。

"行政法从属于宪法，行政法不得与宪法冲突。行政法是宪法的具体化，是动态的宪法。宪法的模式决定了一个国家行政法的模式。宪法是公共行政和行政审判的直接法律依据。"[1]但相对于刑法和民法，行政法与宪法的关系更加密切，以至于有人把宪法看作"静态的行政法"，把行政法看作"动态的宪法"。行政法从属于宪法，是宪法之下的一个部门法。第二，行政法不依附于其他部门法，是独立的部门法。[2]在行政法所调整的行政关系中，行政主体与行政相对方、行政主体与监督行政主体之间的权利义务关系并不完全对等，与私法关系相比具有明显独特性，具有规范和控制行政权的内在逻辑，与其他部门法的精神品格具有较大差异性，是独立的部门法。

二 行政法律的基本特征

我们认为，与其他部门法相比，行政法律具有如下五个方面的基本特征：

（1）对象的确定性。虽然行政法的内容广泛、复杂、易变，但它的调整对象及范围是确定的，即始终以行政关系为调整对象，具体包括行政权的设定、行使、监督和救济所形成的社会关系。也正是这种调整对象的确定性，决定了行政法作为一个独立法律部门的地位。

（2）内容的广泛性。行政法是有关国家行政管理的法，而国家行政管理既涉及国家管理，又覆盖社会管理，既调整政治、经济、科技、

---

[1] 马怀德主编《行政法学》，中国政法大学出版社2007年版，第31页。
[2] 参见胡建淼《行政法学》，法律出版社2023年版，第13页。

文化，又规范公安、民政、军事、外交等。国家行政管理的广泛性，决定了行政法内容的广泛性。

（3）内容的相对易变性。相对其他法律，行政法内容最易变动。[①]由于社会经济关系变动不居，国家行政管理领域广泛，政府职能也应相应调整转变，因行政权力形成的行政关系也随之变动，作为行政关系调节器的行政法律规范具有较强的变动性，需要经常地废、改、立。

（4）渊源的多样复杂性。与行政立法主体的多元化相适应，行政法的渊源十分复杂，其表现形式具有多样性，往往无法以一个单一的法规来表现，它通常由分散的各种法规来表现。世界上已有大量的民法典和刑法典，但少有行政法典。在西方，无论英美法系还是大陆法系，都承认行政法存在不成文法源，它们通常包括习惯法、判例法、法的一般原则三类。当代中国行政法的渊源则是成文法源，主要是以宪法为核心的各种制定法，包括宪法、法律、行政法规、地方性法规、规章、自治条例和单行条例、经济特区的法规、特别行政区的法律法规、国际条约、行政协定、国际惯例和各种法律解释等。

（5）行政法常集实体规范与程序规范于一体。"在一个法律文件中，规定行政权力的取得、运行及对相对人产生的后果等内容的规范往往是紧密相连的。如果仅规定行政权力的取得，而不同时规定其行使的程序是不可能的。这不仅是科学与效率的要求，也是行政活动本身的特点决定的。"[②]因此，我国的《行政处罚法》《行政强制法》《行政许可法》《行政复议法》和《行政诉讼法》实际上都既包含了关于行政主体、行政相对方、受理范围和管辖权等实体性规范，又包含了关于执

[①] 参见胡建淼《行政法学》，法律出版社2023年版，第12—13页。
[②] 应松年主编《当代中国行政法》上卷，中国方正出版社2004年版，第13页。

法程序、复议程序和诉讼程序的程序性规范。

三 我国行政法律体系

一般而言，行政法律体系包含三部分：行政组织法、行政行为法和行政救济法。在我国目前行政法律体系中，与干部管理关联最密切的行政组织法是公务员法，与行政权的行使关联比较密切的行政行为法包括行政处罚法、行政强制法、行政许可法、重大行政决策程序暂行条例和政府信息公开条例，与对行政相对方的救济关联最密切的是行政复议法、行政诉讼法和国家赔偿法。其中，在行政行为法中，行政处罚法和行政强制法是规范和调整行政主体依职权的行政行为的法律，行政许可法是规范和调整行政主体依申请的行政行为的法律，而重大行政决策程序暂行条例是对政府所作重大行政决策的程序予以调整和规范的行政法规，政府信息公开条例是对政府信息公开行为的实体和程序予以调整和规范的行政法规。总而言之，这种"7+2"（七部法律与两部行政法规）的法律渊源构建成我国行政法律体系的基本架构，并以这些基础性法律法规为支撑，形成了比较完善的行政法律制度体系。

（1）公务员法律制度。公务员法律制度是国家对中央和地方各级公务员进行科学管理，以公务员法为基础的法律制度的总和，包括公务员义务权利、职位分类、录用、考核、奖励、惩戒、任免、培训、交流、回避、工资保险福利、辞职辞退、退休、监督及其法律责任等规范。

（2）行政处罚法律制度。行政处罚法律制度是对行政主体行使行政处罚权进行规范和控制，防止其滥用，以行政处罚法为基础的法律规范的总和，包括行政处罚的基本原则、行政处罚权的设定、行政处罚的种类、行政处罚的程序和行政处罚的法律责任等规范。

（3）行政强制法律制度。行政强制法律制度是对行政主体行使行政强制措施和行政强制执行、申请人民法院强制执行进行规范和控制，防止其滥用，以行政强制法为基础的法律规范的总合，包括行政强制的基本原则、行政强制的种类和设定、行政强制措施实施程序、行政机关强制执行程序、申请人民法院强制执行和法律责任等规范。

（4）行政许可法律制度。行政许可法律制度是对行政主体依申请给予许可的行为进行规范和控制，防止其滥用，以行政许可法为基础的法律规范的总和，包括行政许可的基本原则、行政许可的设定、行政许可的实施机关、行政许可的实施程序、行政许可的费用、监督检查和法律责任等规范。

（5）行政决策程序法律制度。行政决策程序法律制度是对政府行使决策权进行程序规范和控制，以实现科学决策、民主决策和合法决策，以重大行政决策程序暂行条例为基础的法律规范的总和，包括行政决策的事项范围、决策的形成、合法性审查和集体讨论、决策执行和调整、法律责任等规范。

（6）政府信息公开法律制度。政府信息公开法律制度是为了公民、法人和组织依法获取政府信息的知情权，提高政府工作的透明度，充分发挥政府信息对人民群众生产、生活和经济社会活动的服务作用，对政府信息公开行为予以调整和规范，以政府信息公开条例为基础的法律规范的总和，包括政府信息公开机构的职能、政府信息公开工作的原则、公开的主体和范围、主动公开、依申请公开、监督和保障等规范。

（7）行政复议法律制度。行政复议法律制度是为了防止和纠正违法的或者不当的行政行为，保护公民、法人和其他组织的合法权益，监督和保障行政机关依法行使职权，让行政机关发挥化解行政争议的主渠道作用，以行政复议法为基础的法律规范的总和，包括行政复议的基本原则、行政复议申请、行政复议受理、行政复议审理、行政复议决定和法律责任等规范。

（8）行政诉讼法律制度。行政诉讼法律制度是为保证人民法院公正、及时审理行政案件，解决行政争议，保护公民、法人和其他组织的合法权益，监督行政机关依法行使职权，让法院成为化解行政争议的最终裁决者，以行政诉讼法为基础的法律规范的总和，包括行政诉讼的受案范围、管辖、诉讼参加人、起诉和受理、审理和判决、执行和涉外行政诉讼等规范。

（9）国家赔偿法律制度。国家赔偿法律制度是国家对国家权力活动中的侵权行为承担赔偿责任，保障公民、法人和其他组织享有依法取得国家赔偿的权利，促进国家机关依法行使职权，以国家赔偿法为基础的法律规范的总和，包括国家赔偿义务机关、国家赔偿范围、国家赔偿程序、赔偿方式和计算标准等规范。

公务员法

第二讲
CHAPTER 2

第二讲 公务员法

公务员法是在总结过去几十年干部人事制度，特别是在1993年《国家公务员暂行条例》及其颁布的一系列配套规章实施经验基础上建立起来的。修订后的公务员法自2019年6月1日起施行，共18章113条，对贯彻新时代党的建设总要求和党的组织路线，加强党对公务员工作的领导，推动中国特色公务员制度完善发展，建设忠诚干净担当的高素质专业化公务员队伍，具有十分重要的意义。

- 法律概述
  - 立法简史
  - 立法目的
  - 重要意义

- 法律知识要点
  - 指导思想
  - 基本原则
  - 公务员的范围
  - 公务员职位分类制度
  - 关于考核与奖惩
  - 公务员的工资、福利和保险
  - 公务员的辞职和退休
  - 职位聘任制度
  - 法律责任

- 常见法律问题
  - 担任公务员应当具备哪些基本条件?
  - 我国公务员享有哪些基本权利?
  - 我国公务员应对履行哪些义务?
  - 公务员具有哪些情形可以辞退?

一 法律概述

（一）立法简史

1. 立法缘起

早在20世纪90年代，公务员立法问题就引起了社会各界的关注。早在八届、九届人大期间，全国人大常委会就有立法意向。公务员法的起草工作真正开始于2000年。2000年6月中央批准印发了《深化干部人事制度改革纲要》，明确提出要抓紧研究制定公务员法，逐步健全党政机关干部人事管理的法规体系。同年8月，中组部、人事部在深入调查研究、总结《国家公务员暂行条例》实施经验的基础上，着手研究起草公务员法。

2001年初，有关部门成立了公务员法起草工作领导小组；一个月后，起草小组的班子正式搭建，具体承担调研、文稿和草案起草。2001年12月，中组部和人事部向中央报送了《关于制定公务员法有关问题的指示》，就制定公务员法的必要性、立法的指导思想、坚持党管干部的原则、将党的机关工作人员纳入公务员的范围等问题提出建议。2001年12月27日，中央政治局常委会讨论并原则同意了这个请示。

2002年初，起草小组开始研究公务员法的体例结构、具体内容和草案条文。同年7月，起草小组拿出了公务员法草案第一稿，随之而来的是一系列的专题座谈会和研讨会。7月，邀请中央和国家机关有关单位的同志就公务员分类问题进行专题座谈，听取最高人民法院、最高人民检察院以及国务院有关部门等10多家单位的意见；9月，分别召开武汉会议、青岛会议和石家庄会议，听取部分省区市组织人事部门的意见；10月，就有关问题专门征求了劳动和社会保障部、人事部公务员管理司和工资福利与离退休司的意见；11月，邀请全国人大、全国政协、最高人民法院、最高人民检察院和中央统战部等9个单位研讨起草中的有关问题。

2002年11月，党的十六大提出："改革和完善干部人事制度，健全公务员制度。"这对公务员法起草提出了新的要求。2003年初，第十届全国人大第一次会议期间，公务员立法再次成为人大代表关注的焦点。人们普遍认为，经过10多年的实践，国家公务员暂行条例的实施为进一步健全和完善公务员制度积累了丰富经验，制定公务员法的条件已经成熟。因此，起草小组自2003年开始提速起草进程，将主要精力放在重点问题上，公务员法的起草进入攻坚阶段。

又经过一次次的研讨、一次次修改，草案日趋成熟和完善，2004年2月，全国人大内司委召开全体会议，专门听取起草小组的专题汇报，对草案第十二稿提出了意见和建议。同年3月，公务员法草案正式以人事部名义上报国务院审批。国务院法制办收到此件后，立即征求了中央办公厅、中央统战部等中央部门，全国人大内司委、法律委和全国人大常委会法工委、国务院各部委，最高人民法院、最高人民检察院，全国总工会、共青团中央、全国妇联，中央党校、国家行政学院、社科院，各省、自治区、直辖市人民政府以及有关民主党派的意见。在此基础上，法制办会同中组部、人事部对送审稿作了反复研究修改，形成了《中华人民共和国公务员法（草案）》。并且，在正式提请国务院常务会议讨论前，专门向全国人大内司委、法律委和全国人大常委会法工委作了汇报。同年11月，国务院七十一次常务会议讨论公务员法并原则上予以通过；同年12月，国务院提请全国人大常委会审议。至此，公务员法制定工作进入实质性阶段。

2004年12月，第十届全国人大第十三次会议首次审议了公务员法草案。在分组审议时，86名常委会组成人员踊跃发言。常委会有关机构根据审议意见、座谈会意见和征求到的意见，对公务员法草案再次修改，并形成修改稿，提交到第十届全国人大常委会会议，进行第二次审议。2005年4月27日，该草案经过第十届全国人大常委会第十五次会议激烈讨论，并对多处修改后获得通过，于2006年1月1日开始实施。至此，历时5年，20多次易稿，几乎每个字都被反复打磨、修改过的公务员法的制定工作终于完成。

2. 修订发展

2018年12月29日，第十三届全国人大常委会第七次会议通过了修订后的《中华人民共和国公务员法》，于2019年6月1日起实施。这是《公务员法》实施12年后的首次修订。新修订的《公务员法》由原来的18章107条调整为18章113条，增加6条，实质性修改49条，个别文字修改16条，条文顺序调整2条。修订内容回应了党和国家改革事业的现实需求，强化了党对公务员队伍的领导监督，巩固了公务员制度改革成果。

此次修订公务员法遵循以下指导思想：以习近平新时代中国特色社会主义思想为指导，全面贯彻党的十九大和十九届二中、三中全会精神，认真贯彻习近平总书记关于干部工作的新精神新要求和新时代党的组织路线，坚持党对公务员工作的集中统一领导，体现干部人事制度改革新经验新成果，以宪法和党章为依据，推动中国特色公务员制度与时俱进、完善发展、成熟定型，为建设一支信念坚定、为民服务、勤政务实、敢于担当、清正廉洁的高素质专业化公务员队伍提供更为有力有效的法律保障。

（二）立法目的

《公务员法》第一条规定："为了规范公务员的管理，保障公务员的合法权益，加强对公务员的监督，促进公务员正确履职尽责，建设信念坚定、为民服务、勤政务实、敢于担当、清正廉洁的高素质专业化公务员队伍，根据宪法，制定本法。"这一条明确了公务员法的立法目的。具体来看，我国公务员法的立法目的包括六个方面。

1. 规范公务员的管理

公务员法是第一部全面规范我国干部人事管理的法律，对规范管理公务员队伍有着巨大的作用。1993年的《国家公务员暂行条例》，在行政机关建立了公务员制度。在此基础上，国务院也制定了公务员制度的具体实施方案、工资改革方案等文件，人事部制定了公务员录用、考核、职务任免、奖励、回避、辞职辞退等多个规章及办法。《公务员暂行条例》是我国之前公务员体系的基础，但是它还存在一些不足之处。一是条例本身的科学性存在不足。比如公务员的职位分类等。二是条例的法律位阶太低。因此，公务员法的目的在于进一步规范公务员的管理，优化干部队伍，促进廉政勤政，增强干部队伍活力。为此，公务员法对公务员的录用、考核、奖励、培训等各个管理环节都作出了具体的规定。

2. 保障公务员的合法权益

公务员法的一个重要立法目的在于保护公务员的合法权益。这是

"《公务员法》立法的第二个层次的目的。这一立法目的所针对的法律关系主体是作为管理对象的公务员,与前一层次立法目的'规范公务员的管理'所针对的法律关系主体不同……"[1]为了实现这一目的,公务员法进行了一系列的制度构建。比如,本法第十五条规定了公务员享有的广泛权利。再如,本法第十五章、第一百零五条分别规定了公务员的申诉控告制度和聘任制公务员的人事争议仲裁制度,这是对公务员权利保障的有力机制。此外,其他一些法律,比如法官法、检察官法也规定了公务员的权利。所有这些,对于公务员的权利保障都将发挥重要作用。

西方各国公务员制度都对公务员的合法权益保护作了细致的规定。主要体现在两个方面:一是都具体地规定了各种合法权益;二是都规定了有效的救济机制。各国公务员法对公务员申诉与控告程序都进行了具体规定。"申诉一般包括有起诉、受理、审议、裁定和通知申诉当事人等程序。控告一般包括控告、立案、调查、作出处理决定和执行处理决定。"[2]我国公务员法也是随世界潮流而动,与时俱进。

3. 加强对公务员的监督

在赋予公务员权力的同时也要防止权力的滥用。公务员法的目的之一就是监督公务员依法行政。为此,公务员法从制度建构的各个方面来把关,督促公务员依法办事。在公务员的"入口关",也就是在招录公务员的阶段,要遵循公开公正、平等竞争的原则,择优录取,防止不符合条件的人进入公务员队伍。在公务员的执法阶段,建立全面

---

[1] 姜明安:《重视制度设计,保障〈公务员法〉立法目的的实现》,载《华东政法学院学报》2005年第2期。

[2] 姜海如:《中外公务员制度比较》,商务印书馆2003年版,第258页。

完善的监督机制，完善了考核制度，特别注重平日考核并考核实绩；与此同时，也完善了公务员惩戒的条件、程序和法律后果，从而保持公务员队伍的纯洁性和高效性。在公务员的"出口关"，也就是公务员退出公职的环节，《公务员法》第一百零七条规定了原系领导成员、县处级以上领导职务的公务员在离职三年内，其他公务员在离职两年内，不得到与原工作业务直接相关的企业或者其他营利性组织任职，不得从事与原工作业务直接相关的营利性活动，对他们进行全过程的管理和监督。

4. 建设高素质的公务员队伍

一方面，公务员法要求公务员的招录要依照法定程序公开公平进行，并规定了公务员应该满足的条件；另一方面，通过各项制度的配合，在日常工作中对公务员进行监督、教育、培训，发现公务员有违法违纪现象及时纠正，严重的予以惩戒，定期对公务员进行思想道德和业务知识的培训，提高公务员的执法能力。高素质的队伍是整体性的，不是个别的，通过有效制度的建立，培养一支高素质的公务员队伍。为了提高公务员的素质，《公务员法》的制度建设从许多方面作出了努力。比如，该法第二章关于公务员条件的规定，包含了"德才兼备"的标准。第四章关于公务员录用的规定，排除了因犯罪受过刑事处罚、被开除中国共产党党籍、被开除公职、被依法列为失信联合惩戒对象等几类。第十章、第十一章规定了公务员培训和交流，也是旨在持续提升公务员队伍的素质。

西方各国的公务员制度对提高公务员队伍的素质有很多具体的做法，其中比较典型的是它们的培训制度。如美国制定了《政府雇员培训法》、法国制定了《继续教育法》、德国制定了《公务员资历条例》、日本制定了《国家公务员教育训练规则》。建立了公务员制度的国家，大都规定了公务员培训方面的法律制度。我国公务员法在这个方面也予以了完善。

5. 促进勤政廉政建设

公务员的工作直接关系到国家的利益和行政效率，如果公务员自由散漫，办事拖沓，纪律松懈，工作不力，必然导致国家资源的巨大浪费。所以，要促进公务员的勤政。促进廉政对我国有很强的现实意义，有些地方腐败现象比较严重，有些公务员利用职权谋取私利。归根究底，要从两个方面入手解决：一方面，我们要进行政治体制改革；另一方面，要完善公务员立法，建立完整有效的监督机制，在提高公务员素质的基础上，对腐败行为进行惩戒。对以权谋私现象要事先预防与事后惩戒相结合，建立回避制度，减少谋私现象发生的可能性。公务员法也规定了公务员必须遵守的纪律，如果违反就要予以惩罚。《公务员法》在这个方面作了很多新的规定，主要体现在四个方面：一是在第十四条规定了公务员的廉洁义务，要求公务员做到清正廉洁，公道正派；二是在第三十五条关于考核的内容中包括了对"廉"的要求；三是在第九章规定中进一步完善了对公务员的监督与惩戒制度，要求机关对公务员的思想政治、履行职责、作风表现、遵纪守法等情况进行监督，开展勤政廉政教育，建立日常管理监督制度；四是在第十七章对公务员离职后的从业行为进行了限制。

西方国家公务员制度对公务员的勤政和廉政也提出了很高的要求。美国《美国行政部门工作人员的道德行为准则》规定，政府工作人员不得持有与执行公务相冲突的经济利益。英国的法律规定国家机关的公职人员一律不得经商，不准从事与本部门业务有关的任何营利事业。①日本的国家公务员法规定，公务员不得有损伤其官职信用，或者玷污全体官职名誉的行为；其官吏服务纪律还规定，官吏要重廉耻，不得有贪污行为。②可见，在任何国家，勤政廉政都应当是公务员制度中的应有之义。我国公务员法也不例外。

6. 提高工作效能

公务员法的另一目的是提高工作效能，建立高效政府。我国公务员队伍非常庞大，机构设置臃肿，职位重复，人事复杂，在办事效率上不尽如人意。我国曾经进行过多次的机构精简、机构改革，提高工作效能，但是机构臃肿、办事效率低下的问题还很严重。所以，公务员法对此也作了相关规定。该法第十四条规定了公务员的"勤勉义务"，要求公务员忠于职守，勤勉尽责，服从和执行上级依法作出的决定和命令，按照规定的权限和程序履行职责，努力提高工作质量和效率。第三章规定了职位分类等制度，公务员职位类别按照公务员职位的性质、特点和管理需要，划分为综合管理类、专业技术类和行政执法类等类别，使个人的能力能够在适当的工作岗位上得到更大的发挥，促进公务员的工作效能。第七章规定了职务、职级晋升制度。对于特别优秀的或者工作特殊需要的，可以按照规定破格或者越级晋升。第八章规定了公务员奖励制度，对积极工作、成绩显著的公务员给予奖励，可以调动公务员的工作热情，提高他们履行公职的效率。可见，我国公务员法将激励和惩戒两种机制综合运用来提高工作效能。

为提高工作效能，西方国家的公务员制度非常重视对公务员管

---

① 参见姜海如《中外公务员制度比较》，商务印书馆2003年版，第223页。
② 参见应松年主编《当代中国行政法》上卷，中国方正出版社2005年版，第335页。

理体制的选择。各国公务员行政管理体制一般可以分为部内制、部外制和混合制三种。这三种体制各有优缺点，能否有效地提高管理效率取决于与本国的政治体制和基本国情是否相适合。如法国是实行的部内制，由于人事与行政合一，能够了解各行政机构的实际情形和需要，所以能够措施得力，效率较高。而其缺点是人事管理上容易导致纷乱，并导致公共资源的浪费。我国的《公务员法》第十条基本上选择了部内制，这也是出于我国现实国情的考虑，立足于提高行政效率。

（三）重要意义

公务员法是我国第一部全面规范党政人事干部管理的法律，这意味着我国的公务员制度进入了一个新的发展阶段。它对公务员制度、公务员管理的原则、公务员的条件、义务和权利、录用、考核、奖励、惩戒、申诉控告、法律责任等一系列问题都作了全面规定，并在许多方面都作了新的探索和尝试，进行了非常宝贵的制度创新。它的制定、修订和发展，奠定了我国公务人员管理的法治基础，有利于构建完整的干部人事管理法律体系。它完善了公务员制度的监督和激励机制，有利于促进公务员的勤政和廉政；它完善了公务员的分类管理制度和其他各个管理环节，有利于提高公务员制度的科学性和民主性。它是我国民主法治建设的一件大事，是干部人事管理科学化、法治化的里程碑，将极大地推动国家治理体系和治理能力现代化的进程，具有非常重要的意义。

1. 贯彻了习近平新时代中国特色社会主义思想

习近平新时代中国特色社会主义思想，聚焦新的时代课题，总结新的实践经验,提出一系列新理念新思想新战略,展现出强大真理力量和独特思想魅力。其中,习近平新时代中国特色社会主义思想明确了新时代党的组织路线,就是全面贯彻习近平新时代中国特色社会主义思想,以组织体系建设为重点,着力培养忠诚干净担当的高素质干部,着力集聚爱国奉献的各方面优秀人才,坚持德才兼备、以德为先,坚持五湖四海、任人唯贤,为坚持和加强党的全面领导、坚持和发展中国特色社会主义提供坚强组织保证。对于如何培育、选拔、管理、使用干部队伍,2018年7月,习近平总书记在全国组织工作会议上提出要建立五个体系:第一,建立源头培养、跟踪培养、全程培养的素质培养体系;第二,建立日常考核、分类考核、近距离考核的知事识人体系;第三,建立以德为先、任人唯贤、人事相宜的选拔任用体系;第四,建立管思想、管工作、管作风、管纪律的从严管理体系;第五,建立崇尚实干、带动担当、加油鼓劲的正向激励体系。习近平新时代中国特色社会主义思想对干部工作提出了一系列新精神新要求,为公务员制度建设和队伍建设提供了根本遵循,对2018年《公务员法》的修订及未来公务员队伍管理都具有重大的指导意义。

2. 有利于坚持和加强党对公务员工作的领导

党的十九大强调"坚持党对一切工作的领导,确保党始终总揽全局、协调各方"。党的十九届三中全会通过的《深化党和国家机构改革方案》提出,加强党对公务员队伍的集中统一领导。适应和落实这些要求,应当将坚持和加强党对公务员工作的领导、党管干部原则等要求进一步体现到公务员法的具体规定中,为我国公务员制度的完善和公务员队伍建设提供根本遵循。

3. 有利于深入推进公务员分类改革

推行公务员职务与职级并行制度，是党的十八届三中全会确定的重大改革任务，经全国人大常委会授权，从2017年6月起在部分地区和部分在京中央机关开始试点，经过一年多的实践，公务员职务与职级并行制度试点工作取得明显成效，表明党中央的决策部署完全正确，制度设计切实可行，已具备在全国范围推开的条件。同时，干部选拔任用制度、公务员分类管理、公务员聘任制改革等深入推进，习近平总书记指出："凡属重大改革都要于法有据，在整个改革过程中，都要高度重视运用法治思维和法治方式。"2018年修订公务员法，将公务员制度改革经验成果上升为法律，予以巩固定型，形成一整套科学化、民主化、法治化的人事干部管理机制，对于完善党的领导方式和执政方式、提高依法执政水平、确保我国公务员管理体制机制改革始终处于法治轨道上具有重要和长远的意义。

4. 有利于建设高素质专业化干部队伍

党的十九大对建设高素质专业化干部队伍作出战略部署，2018年修订公务员法的一个重要任务，就是贯彻落实党的十九大关于建设高素质专业化干部队伍的战略部署，吸收近年来干部人事制度改革与各地创造的新经验新成果，有针对性地解决公务员管理实践中的突出问题，推动中国特色公务员制度与时俱进、完善发展、成熟定型，为建设一支信念坚定、为民服务、勤政务实、敢于担当、清正廉洁的高素质专业化公务员队伍提供更为有力的法律保障。

二 法律知识要点

（一）指导思想

《公务员法》第四条规定："公务员制度坚持中国共产党领导，坚持以马克思列宁主义、毛泽东思想、邓小平理论、'三个代表'重要思想、科学发展观、习近平新时代中国特色社会主义思想为指导，贯彻社会主义初级阶段的基本路线，贯彻新时代中国共产党的组织路线，坚持党管干部原则。"这是公务员法所确立的我国公务员制度的指导思想，它统领着公务员法的全部法律规范，指导和规范着公务员制度建设的各要素与全过程。

这一指导思想包含三个层面：一是"坚持中国共产党领导"。坚持党的领导，强化党对公务员队伍的领导地位、领导作用以及党组织对公务员的监督能力，是公务员制度对党的基本路线的体现。二是"以马克思列宁主义、毛泽东思想、邓小平理论和'三个代表'重要思想、科学发展观、习近平新时代中国特色社会主义思想为指导，贯彻社会主义初级阶段的基本路线"，即宪法确定的我们国家的指导思想和基本路线。三是"贯彻新时代中国共产党的组织路线，坚持党管干部原则"。这一指导思想决定了我国公务员制度与其他国家的公务员制度特别是西方国家的公务员制度有着明显区别。这种区别是多方面的，其中最主要的是我国公务员的非中立性和公务员范围的广泛性。

（二）基本原则

《公务员法》第五条至第十条规定了6个基本原则。其中，第八条、第九条和第十条虽未明确表述为"原则"，但其内容为公务员的分类管理和职务行为保护，也应视为公务员法的重要原则。《公务员法》第五条规定："公务员的管理，坚持公开、平等、竞争、择优的原则，依照法定的权限、条件、标准和程序进行。"该条主要是录用公务员的基本原则，也即公务员队伍建设的"入口"原则，第二十三条关于录用初级公务员的规定正是对该原则的立法贯彻。第六条规定："公务员的管理，坚持监督约束与激励保障并重的原则。"该条主要是公务员获得任用之后如何管理的基本原则。第七条规定："公务员的任用，坚持德才兼备、以德为先，坚持五湖四海、任人唯贤，坚持事业为上、公道正派，突出政治标准，注重工作实绩。"该条是关于用人标准的基本原则，第十三条关于公务员条件的规定就是对该原则的立法贯彻。第八条规定："国家对公务员实行分类管理，提高管理效能和科学化水平。"这是关于公务员职务职级管理的基本原则，第十六条对公务员职位类别的分类就是对该原则的立法落实。第九条规定："公务员就职时应当依照法律规定公开进行宪法宣誓。"这条是关于公务员就职必经程序的基本原则。宪法宣誓制度是党的十八届四中全会通过的《关于全面推进依法治国若干重大问题的决定》中提出的要求。习近平总书记就该《决定》的说明指出："这样做，有利于彰显宪法权威，增强公职人员宪法观念，激励公职人员忠于和维护宪法，也有利于在全社会增强宪法意识、树立宪法权威。"第十条规定："公务员依法履行职责的行为，受法律保护。"这是依法行政原则在公务员法中的立法贯彻和落实。

（三）公务员的范围

公务员是干部队伍的重要组成部分，是社会主义事业的中坚力量，是人民的公仆。公务员法适用于哪些人员，这一人员范围究竟有多大，在此范围内的人员具有哪些共同特点，这是公务员立法的首要问题。

《公务员法》第二条规定："本法所称公务员，是指依法履行公职、纳入国家行政编制、由国家财政负担工资福利的工作人员。"该条明确界定了我国公务员的范围：一是"依法履行公职"，二是"纳入国家行政编制"，三是"由国家财政负担工资福利"。从法理上说，所有纳入国家行政编制的工作人员均执行国家的公共管理事务，均应由国家财政负担工资福利，所以增加"由国家财政负担工资福利"这一标准并没有扩大公务员的范围，但增加这一规定却可消除公务员后顾之忧，为他们提供法定保障。

（四）公务员职位分类制度

《公务员法》第十六条规定："国家实行公务员职位分类制度。公务员职位类别按照公务员职位的性质、特点和管理需要，划分为综合管理类、专业技术类和行政执法类等类别。根据本法，对于具有职位特殊性，需要单独管理的，可以增设其他职位类别。各职位类别的适用范围由国家另行规定。"这是公务员法关于公务员职位分类的最基本规定，除了这一基本规定外，公务员法还有几处规定也与公务员的职位分类有关。

一是关于聘任制公务员的规定。《公务员法》第十六章规定了公务员的职位聘任，明确规定机关根据工作需要，可以对专业性较强的职位和辅助性职位实行聘任制。聘任应按平等自愿、协商一致的原则，签订书面的聘任合同，确定双方的权利义务。聘任期一至五年。协商一致时可以变更或解除聘任合同。发生聘任纠纷的，由人事争议仲裁委员会仲裁。仲裁委员会由公务员主管部门代表、聘任机关代表、聘任制的公务员代表、法律专家组成。当事人对裁决不服的，可以向人民法院提起诉讼。

二是关于警察、消防救援人员、海关、驻外外交机构公务员的特殊规定。《公务员法》第二十二条规定："国家根据人民警察、消防救援人员以及海关、驻外外交机构等公务员的工作特点，设置与其领导职务、职级相对应的衔级。"可见，公务员法尽管没有明确规定为几类单独的公务员职位，但已经认可了人民警察、消防救援人员以及海关、驻外外交机构公务员的职位有自身的"工作特点"，并规定根据其工作特点设置"与其领导职务、职级相对应的衔级"。

三是明确规定国家实行公务员职务与职级并行制度。首先是规定了综合管理类公务员职级序列由高至低依次为一级巡视员、二级巡视员、一级调研员、二级调研员、三级调研员、四级调研员、一级主任科员、二级主任科员、三级主任科员、四级主任科员、一级科员、二级科员。其次是对职级晋升条件和程序作出原则规定。最后是明确专业技术类、行政执法类公务员职级设置根据公务员法由国家另行规定，留出制度接口。

（五）关于考核与奖惩

第一，《公务员法》第三十五至三十九条完整地规定了公务员考核制度。一是公务员考核的内容。第三十五条规定："公务员的考核应当按照管理权限，全面考核公务员的德、能、勤、绩、廉，重点考核政治素质和工作实绩。考核指标根据不同职位类别、不同层级机关分别设置。"二是公务员考核的方式。第三十六条规定："公务员的考核分为平时考核、专项考核和定期考核等方式。定期考核以平时考核、专项考核为基础。"第三十七条规定："非领导成员公务员的定期考核采取年度考核的方式。先由个人按照职位职责和有关要求进行总结，主管领导在听取群众意见后，提出考核等次建议，由本机关负责人或者授权的考核委员会确定考核等次。"三是公务员考核的结果。第三十八条规定："定期考核的结果分为优秀、称职、基本称职和不称职四个等次。定期考核的结果应当以书面形式通知公务员本人。"四是公务员考核结果的运用。第三十九条规定："定期考核的结果作为调整公务员职位、职务、职级、级别、工资以及公务员奖励、培训、辞退的依据。"

第二，公务员法也详细地规定了公务员奖励的条件。第五十二条的规定，公务员或者公务员集体有下列情形之一的，给予奖励：（1）忠于职守，积极工作，勇于担当，工作实绩显著的；（2）遵纪守法，廉洁奉公，作风正派，办事公道，模范作用突出的；（3）在工作中有发明创造或者提出合理化建议，取得显著经济效益或者社会效益的；（4）为增进民族团结、维护社会稳定作出突出贡献的；（5）爱护公共财产，节约国家资财有突出成绩的；（6）防止或者消除事故有功，使国家和人民群众利益免受或者减少损失的；（7）在抢险、救灾等特定环境中作出突出贡献的；（8）同违纪违法行为作斗争有功绩的；（9）在对外交往中为国家争得荣誉和利益的；（10）有其他突出功绩的。

第三，公务员法也规定了公务员的惩戒制度。第六十二条规定了公务员纪律处分的形式：警告、记过、记大过、降级、撤职、开除。

根据公务员违纪行为对国家和人民的利益造成损失的大小，给公务员以不同形式的处分。第六十三条规定了对公务员适用处分的条件：事实清楚、证据确凿、定性准确、处理恰当、程序合法、手续完备。

（六）公务员的工资、福利和保险

第一，公务员法比较全面地规定了公务员的工资制度。第七十九条规定："公务员实行国家统一规定的工资制度。公务员工资制度贯彻按劳分配的原则，体现工作职责、工作能力、工作实绩、资历等因素，保持不同领导职务、职级、级别之间的合理工资差距。国家建立公务员工资的正常增长机制。"该条规定了公务员工资的按劳分配、合理差距、正常增资的原则，有利于稳定公务员队伍，调动其工作积极性，提高工作效率，增加公务员对组织的忠诚度。第八十一条规定："公务员的工资水平应当与国民经济发展相协调、与社会进步相适应。国家实行工资调查制度，定期进行公务员和企业相当人员工资水平的调查比较，并将工资调查比较结果作为调整公务员工资水平的依据。"该条明确规定了公务员工资水平平衡比较原则，即国家确定公务员的工资水平时应将企业职工的工资作为参照系，使公务员的工资水平与国有企业职工的工资水平保持持平。第八十条规定："公务员工资包括基本工资、津贴、补贴和奖金。公务员按照国家规定享受地区附加津贴、艰苦边远地区津贴、岗位津贴等津贴。公务员按照国家规定享受住房、医疗等补贴、补助。公务员在定期考核中被确定为优秀、称职的，按照国家规定享受年终奖金。公务员工资应当按时足额发放。"该条比较细致地规定了公务员工资的基本构成。

第二，《公务员法》第十二章规定了公务员福利、保险等待遇。《公务员法》第十五条就明确规定了公务员获取福利、保险的基本权利。为进一步明确这些基本权利，该法第八十二条规定："公务员按照国家规定享受福利待遇。国家根据经济社会发展水平提高公务员的福利待遇。公务员执行国家规定的工时制度，按照国家规定享受休假。公务员在法定工作日之外加班的，应当给予相应的补休，不能补休的按照国家规定给予补助。"第八十三条规定："公务员依法参加社会保险，按照国家规定享受保险待遇。公务员因公牺牲或者病故的，其亲属享受国家规定的抚恤和优待。"第八十三条规定的"社会保险"主要包括退休保险、医疗保险、工伤保险、生育保险和失业保险。

（七）公务员的辞职和退休

第一，公务员法规定了公务员辞职制度。《公务员法》第八十五条："公务员辞去公职，应当向任免机关提出书面申请。任免机关应当自接到申请之日起三十日内予以审批，其中对领导成员辞去公职的申请，应当自接到申请之日起九十日内予以审批。"《公务员法》第八十六条对公务员的辞职权利设置了限定条件，即"公务员有下列情形之一的，不得辞去公职：（一）未满国家规定的最低服务年限的；（二）在涉及国家秘密等特殊职位任职或者离开上述职位不满国家规定的脱密期限的；（三）重要公务尚未处理完毕，且须由本人继续处理的；（四）正在接受审计、纪律审查、监察调查，或者涉嫌犯罪，司法程序尚未终结的；（五）法律、行政法规规定的其他不得辞去公职的情形"。第九十一条规定："公务员辞职或者被辞退，离职前应当办理公务交接手续，必要时按照规定接受审计。这就明确了我国公务员辞职的具体程序。"

第二，公务员法规定了公务员退休制度。根据《公务员法》第九十二条、第九十三条及第九十四条的规定，公务员达到国家规定的退休年龄或者完全丧失工作能力的，应当退休。公务员符合下列条件之一的，本人自愿提出申请，经任免机关批准，可以提前退休：（1）工作年限满三十年的；（2）距国家规定的退休年龄不足五年，且工作年限满二十年的；（3）符合国家规定的可以提前退休的其他情形的。公务员退休后，享受国家规定的养老金和其他待遇，国家为其生活和健康提供必要的服务和帮助，鼓励发挥个人专长，参与社会发展。

（八）职位聘任制度

《公务员法》第十六章规定了"职位聘任"。其中对聘任制适用的对象、选聘方式、聘任期限和工资制度都作了具体的规定。另外，该法第一百零五条规定建立人事争议仲裁制度，这对于解决聘任合同争议提供了一种更具独立性和公正性的解决机制，为聘任制公务员提供了一种有效的救济途径。第一百零五条规定："聘任制公务员与所在机关之间因履行聘任合同发生争议的，可以自争议发生之日起六十日内申请仲裁。省级以上公务员主管部门根据需要设立人事争议仲裁委员会，受理仲裁申请。人事争议仲裁委员会由公务员主管部门的代表、聘用机关的代表、聘任制公务员的代表以及法律专家组成。当事人对仲裁裁决不服的，可以自接到仲裁裁决书之日起十五日内向人民法院提起诉讼。仲裁裁决生效后，一方当事人不履行的，另一方当事人可以申请人民法院执行。"该条第一款规定了申请仲裁的期限和受理，第二款规定了人事争议仲裁委员会的组成，第三款规定了对仲裁裁决的司法救济。

（九）法律责任

《公务员法》第十七章"法律责任"从三个方面规定了违反公务员法的法律责任，即违反公务员法关于职务、职级管理规定的法律责任，违反公务员离职从业限制的法律责任，以及公务员主管部门及其工作人员的法律责任。

一是违反公务员职务、职级管理的法律责任。《公务员法》第一百零六条规定："对有下列违反本法规定情形的，由县级以上领导机关或者公务员主管部门按照管理权限，区别不同情况，分别予以责令纠正或者宣布无效；对负有责任的领导人员和直接责任人员，根据情节轻重，给予批评教育、责令检查、诫勉、组织调整、处分；构成犯罪的，依法追究刑事责任：（一）不按照编制限额、职数或者任职资格条件进行公务员录用、调任、转任、聘任和晋升的；（二）不按照规定条件进行公务员奖惩、回避和办理退休的；（三）不按照规定程序进行公务员录用、调任、转任、聘任、晋升以及考核、奖惩的；（四）违反国家规定，更改公务员工资、福利、保险待遇标准的；（五）在录用、公开遴选等工作中发生泄露试题、违反考场纪律以及其他严重影响公开、公正行为的；（六）不按照规定受理和处理公务员申诉、控告的；（七）违反本法规定的其他情形的。"这是关于机关及有关人员违反公务员法规定的管理制度，应当承担不同法律责任的规定。

二是违反离职从业限制所应承担的法律责任。根据《公务员法》第一百零七条第二款的规定，其责任形式主要包括违法公务员的法律责任与其接受单位的法律责任。

公务员在辞去公职或者退休后有违反离职从业限制规定的，必须承担一定的法律责任。

三是公务员所属机关、公务员主管部门及其工作人员的法律责任。《公务员法》第一百一十条的规定："机关因错误的人事处理对公务员造成名誉损害的，应当赔礼道歉、恢复名誉、消除影响；造成经济损失的，应当依法给予赔偿。"由于各种复杂的因素，机关对所属公务员的人事处理，可能会出现错误的情况，而处理错误带来的直接后果往往是给被处理的公务员造成名誉上的损害。本着有错必纠、公平地对待每一个当事人的原则，法律规定对错误进行了人事处理的后果的救济，即民事法律中承担法律责任的方式：赔礼道歉、恢复名誉、消除影响。《公务员法》第一百零八条规定："公务员主管部门的工作人员，违反本法规定，滥用职权、玩忽职守、徇私舞弊，构成犯罪的，依法追究刑事责任；尚不构成犯罪的，给予处分或者由监察机关依法给予政务处分。"

三 常见法律问题

（一）担任公务员应当具备哪些基本条件？

《公务员法》第十三条规定担任公务员应当具备七项条件：具有中华人民共和国国籍；年满十八周岁；拥护中华人民共和国宪法，拥护中国共产党领导和社会主义制度；具有良好的政治素质和道德品行；具有正常履行职责的身体条件和心理素质；具有符合职位要求的文化程度和工作能力；法律规定的其他条件。

这些条件既包括国籍、年龄、身体条件、心理素质、文化程度和工作能力等方面，还包括具有良好品行的政治素质和道德品质要求以及拥护宪法、拥护党的领导和社会主义制度的条件。其中，第一项关于国籍的规定，表明外籍人士被明确排除在我国公务员队伍之外。法律没有明确规定公务员必须具备什么学历，但是公务员应具备条件中第五项指出了要"具有正常履行职责的身体条件和心理素质"，这就要根据职位的具体要求确定，在录用当中具体规定，具体办法由公务员主管部门会同有关卫生主管部门规定。

（二）我国公务员享有哪些基本权利？

《公务员法》第十五条规定了我国公务员的权利有八个方面：（1）获得履行职责应当具有的工作条件。这是公务员的履职保障权。（2）非因法定事由、非经法定程序，不被免职、降职、辞退或者处分。这是公务员的身份保障权。如果对公务员的免职、降职、辞退或者处分不合乎法定条件，或者仅合乎法定条件，而不合乎法律规定的程序，便不具有法律效力。（3）获得工资报酬，享受福利、保险待遇。这是公务员的物质保障权。（4）参加培训。这不仅是公务员的一项重要权利，也是现代公共管理对公务员提出的必然要求。（5）对机关工作和领导人员提出批评和建议。这是对《宪法》第四十一条规定的公民权利的立法贯彻。（6）提出申诉和控告。这也是对《宪法》第四十一条规定的公民权利的立法贯彻。（7）申请辞职。（8）法律规定的其他权利。我国公务员除享有以上权利外，还享有宪法和法律规定的其他各项权利。主要包括两部分内容：一部分是宪法和法律规定的一般公民的权利，另一部分是宪法和法律特别指出的国家机关工作人员应享有的权利。

（三）我国公务员应当履行哪些义务？

《公务员法》第十四条规定了我国公务员的义务有八个方面：（1）忠于宪法，模范遵守、自觉维护宪法和法律，自觉接受中国共产党领导。公务员较之普通公民，应具有更强的法律意识和守法觉悟，更应忠于宪法，带头遵守并积极宣传宪法和法律，做守法模范，成为宪法、法律和法规的忠诚卫士。同时，在工作中自觉接受党的领导，只有这样，才能更好地维护党和国家的形象，更好地保护公民、法人和其他组织的合法权益。（2）忠于国家，维护国家的安全、荣誉和利益。公务员在执行公务时，其言行是代表国家和政府的，这就必然要求他们忠于国家，时刻站在国家和政府的立场上，维护国家的安全、荣誉和利益。（3）忠于人民，全心全意为人民服务，接受人民监督。在我国，人民群众是国家的主人，国家和社会的管理必须坚持以人民为中心。（4）忠于职守，勤勉尽责，服从和执行上级依法作出的决定和命令，按照规定的权限和程序履行职责，努力提高工作质量和效率。（5）保守国家秘密和工作秘密。保守国家秘密是我国公民的一项义务，是关系到国家安全和人民根本利益的大事。而且，因公务员是执行国家公务的，国家秘密同公务员的工作秘密是无法截然分开的，有些国家秘密是由一系列的工作秘密组成的，这就要求他们也要保守工作秘密。（6）带头践行社会主义核心价值观，坚守法治，遵守纪律，恪守职业道德，模范遵守社会公德、家庭美德。（7）清正廉洁，公道正派。把清正廉洁、公道正派作为我国公务员的一项义务，是坚持为人民服务精神的重要体现，是国家进行有效管理的必然要求。（8）法律规定的其他义务。这是一个兜底性的规定，该规定是公务员依法履职原则的必然要求，它要求公务员不得超越任何法律规定的范围进行活动。

（四）公务员具有哪些情形可以辞退？

公务员法规定了公务员辞退制度。《公务员法》第八十八条规定："公务员有下列情形之一的，予以辞退：（一）在年度考核中，连续两年被确定为不称职的；（二）不胜任现职工作，又不接受其他安排的；（三）因所在机关调整、撤销、合并或者缩减编制员额需要调整工作，本人拒绝合理安排的；（四）不履行公务员义务，不遵守法律和公务员纪律，经教育仍无转变，不适合继续在机关工作，又不宜给予开除处分的；（五）旷工或者因公外出、请假期满无正当理由逾期不归连续超过十五天，或者一年内累计超过三十天的。"第八十九条规定："对有下列情形之一的公务员，不得辞退：（一）因公致残，被确认丧失或者部分丧失工作能力的；（二）患病或者负伤，在规定的医疗期内的；（三）女性公务员在孕期、产假、哺乳期内的；（四）法律、行政法规规定的其他不得辞退的情形。"该条规定了国家机关不得将其辞退的限制条件。这些限制条件对保护那些特殊公务员的合法权益是十分必要的，体现了人道主义精神和社会主义制度的优越性。

行政许可法

第三讲 CHAPTER 3

CHAPTER 3

第三讲　**行政许可法**

　　行政许可（也就是通常所说的行政审批），是行政机关依法对社会、经济事务实行事前监督管理的一种重要手段，是不可缺少的①。2019年，行政许可法经过部分修正，我国行政许可制度得到完善。未来，行政许可制度将在社会和经济生活更复杂更广泛的领域中发挥作用，行政许可制度的重要性会越来越突出。因此，各级干部应当了解和掌握行政许可法的基本概念、基本原理、基本制度和基本规则，全面提升依法行政的能力和水平。

---

　　① 杨景宇：《关于〈中华人民共和国行政许可法（草案）〉的说明》，载《中华人民共和国全国人民代表大会常务委员会公报》2003年第5期。

- 法律概述
  - 概念和特征
  - 立法简史
  - 相关制度的完善

- 法律知识要点
  - 行政许可设定的事项范围
  - 行政许可的设定权
  - 行政许可的实施主体
  - 行政许可的申请程序
  - 行政许可的初审和受理程序
  - 行政许可的决定程序
  - 行政许可的听证程序
  - 行政许可的期限
  - 行政许可的时空效力
  - 行政许可的变更
  - 行政许可的消灭
  - 行政许可的法律救济

- 常见法律问题
  - 对行政许可内容进行细化规定的注意事项有哪些？
  - 地方有关机关如何依法设定行政许可？
  - 行政许可是否完全免费？

一 法律概述

我国规范行政许可制度的法律主要是行政许可法。现行行政许可法于2003年由第十届全国人大常委会第四次会议通过并公布，于2004年7月1日起实施。2019年，第十三届全国人大常委会对行政许可法进行了一些修正，标志着我国行政许可制度的发展进入了一个更加完善的阶段。

（一）行政许可的概念和特征

所谓行政许可，是指特定的行政主体，根据行政相对人的申请，经依法审查，作出准予或不准予其从事特定活动之决定的行政行为。

行政许可作为一项行政法律制度，具有以下四个特征：

第一，事先性。行政许可的本质功能是事先控制行政相对人的行为范围。一般而言，事先的同意叫许可，事后的同意叫认可。行政许可具有事先控制性，凡是针对事后行为的处理（如行政处罚等）均不可能是行政许可。

第二，赋权性与解禁性。首先，行政许可是一种行政赋权行为，它是赋予特定行政相对人从事某种活动的权利和资格；其次，当法规已有禁止规定的条件下，行政许可又属于解禁行为，如持枪、采矿等。所以，行政许可具有双重性，即赋权性与解禁性。

第三，依申请性。行政许可是一种依申请行政行为。行政许可行为的作出须以行政相对人的申请为前提。不经相对人申请,行政主体不得主动实施行政许可。

第四,法定性。实施行政许可的机关是法定的,不是任何行政机关都有行政许可权;许可的事项又是法定的,对未被行政许可法列入的事项不得实施许可;许可的程序也是法定的,已由行政许可法作出了统一规定,任何机关都不能创设自己的程序。

(二)立法简史

新中国成立以来,在社会主义的建设起步阶段,我国国民经济实行高度集中的计划经济体制,经济的运行与发展长期采取"全国一盘棋"的方针,主要的经济调控手段是中央集中决策的指令性计划,基本不运用市场和法律手段。党的十一届三中全会以后,高度集中的计划经济体制逐渐解体,经济体制改革日渐深入,"全能政府"的社会共识也向"有限政府"过渡。[1]

随着国民经济体制和政府职能的转变,行政机关出于追求实现其行政目标的需要,我国广泛出现了一系列事先限定公民、法人和其他组织的活动范围的行政行为,这种广义上的行政审批活动,大体就是后来行政许可法规范的事项,其广泛程度具体表现在不同地方、不同领域、不同层级、不同环节等各个维度。这种行政审批活动过多过滥,实施程序缺乏规范烦琐冗长,实施主体缺乏有效监督和责任追究机制,实施的公正性和公开性也无保证,[2]这些因素导致行政机关对经济活动

---

[1] 朱维究:《行政许可法的实施与行政审批改革》,载《国家行政学院学报》2004年第3期,第26—29页。
[2] 李洪雷:《〈行政许可法〉的实施:困境与出路》,载《法学杂志》2014年第5期,第64—70页。

的干预过多，不仅容易造成腐败，而且严重阻碍了市场经济的进一步发展。上述现象，是政府职能转变过程中行政管理模式落后的结果，家长主义式"一切都要管"的观念在20世纪末仍占据政府主导地位，然而，无制约的权力必然存在无限膨胀的趋势，政府的审批权越来越大，迫切需要国家统一立法予以规范。

此外，2001年12月11日，我国加入了世界贸易组织，依据世贸组织的协定内容以及我国对国际社会的承诺，未来我国的行政审批或称行政许可，应当以规范透明的程序予以实施。次年，党的十六大也正式提出全面建成小康社会的奋斗目标，新形势下，为了国民经济能够松绑减负，社会主义市场经济体制能够更加完善，行政许可法应运而生。

基于此，20世纪90年代，国务院启动了行政审批制度改革，明确提出要大幅减少不必要的行政审批，对于确需保留的行政审批，要建立健全监督制约机制，做到审批程序严密、审批环节减少、审批效率明显提高，行政审批责任追究制得到严格执行。

1996年，为了巩固行政审批制度改革的成果，全国人大开启了行政许可法的调研起草工作，形成了《行政许可法（征求意见稿）》，这一时期，行政法学学术界和实务界也就行政许可或称行政审批问题展开了充分的研究和论证。

其后，全国人大常委会法工委和国务院法制办加快了行政许可法的立法进程，第九届全国人大常委会将行政许可法列入立法规划，确定由国务院提出法律草案。2001年7月，国务院法制办起草了《行政许可法（初稿）》，印发各部门、各省级人民政府与较大的市人民政府法制部门、全国人大常委会法工委等单位，最终形成了《中华人民共和国行政许可法（草案）》。经过多次审议，2003年8月27日，第十届全国人大常委会第四次会议通过《中华人民共和国行政许可法》。自起草到通过，行政许可法的制定先后经历了两届全国人民代表大会及其常委会，共历时4年，这标志着法治化行政许可制度在中国的全面建立，是我国传统的计划经济行政审批制度法制化、科学化、民主化改革的一个硕果。

行政许可法通过后，考虑到当时我国还存在大量不符合行政许可法规定的行政审批事项，2004年6月29日，国务院发布《国务院对确需保留的行政审批项目设定行政许可的决定》（中华人民共和国国务院令第412号），决定："对法律法规以外的规范性文件规定的，但确需保留且符合《行政许可法》第十二条规定事项的行政审批事项，依据《行政许可法》第十四条第二款的规定，予以保留并设定为行政许可，共500项。"之后，又于2009年和2016年国务院对确需保留的行政审批项目设定行政许可的决定进行修订，主要是根据党和国家机构改革的相关情况，对《国务院对确需保留的行政审批项目设定行政许可的决定》中相关审批机关进行调整。

现行行政许可法在2003年实施后，又进行了一次小幅修订。2019年4月23日，第十三届全国人民代表大会常务委员会第十次会议通过《全国人民代表大会常务委员会关于修改〈中华人民共和国建筑法〉等八部法律的决定》，对行政许可法进行小幅修订，增加了行政许可非歧视原则，新增"符合法定条件、标准的，申请人有依法取得行政许可的平等权利，行政机关不得歧视任何人""行政机关及其工作人员不得以转让技术作为取得行政许可的条件；不得在实施行政许可的过程中，直接或者间接地要求转让技术"等规定，进一步完善了行政许可制度。

（三）党的十八大以来行政许可法相关制度的完善

2003年行政许可法实施后，极大地促进了我国行政许可工作的法治化进程。但由于行政许可工作涉及政府职能转变和行政监管方式转变，在一些地方和部门，仍旧存在行政许可过多过滥的问题。为了进一步推动简政放权改革，党的十八大以来，党中央、国务院又进行了行政审批制度改革。在这一轮改革中，大家普遍发现2003年实施的行政许可法，其基本原则和规则是好的，有些甚至是超前的，无须进行大幅修订。行政审批泛滥的主要原因不是行政许可法本身的问题，而是一些地方和部门实施行政许可法不力。为此，2013年以来，国务院先后颁布《关于取消和下放一批行政审批项目等事项的决定》《关于严格控制新设行政许可的通知》《关于规范国务院部门行政审批行为改进行政审批有关工作的通知》《关于"先照后证"改革后加强事中事后监管的意见》《关于加强和规范事中事后监管的指导意见》《关于深化"证照分离"改革进一步激发市场主体发展活力的通知》等文件，党中央办公厅、国务院办公厅先后颁布《加快推进"多证合一"改革的指导意见》《进一步深化"互联网+政务服务"推进政务服务"一网、一门、一次"改革实施方案的通知》《全面实行行政许可事项清单管理的通知》《关于推广行政备案规范管理改革试点经验的通知》等文件，对行政许可法相关制度进行完善，主要是进一步防止一些地区和部门利用"备案"等方式，绕过行政许可法的规定变相滥设行政许可，同时改进行政许可工作中的政务服务工作和行政许可后的监管工作，切实实现"简政放权、放管结合、优化服务"（简称"放管服"）。

二 法律知识要点

（一）行政许可设定的事项范围

不是所有的社会经济活动都要设置行政许可，设置行政许可的社会经济活动只是全部社会经济活动中的小部分。法律对于行政许可设定的范围进行了明确的限定，根据《行政许可法》第十二条的规定，只有以下事项可以设定行政许可：（1）直接涉及国家安全、公共安全、经济宏观调控、生态环境保护以及直接关系人身健康、生命财产安全等特定活动，需要按照法定条件予以批准的事项；（2）有限自然资源开发利用、公共资源配置以及直接关系公共利益的特定行业的市场准入等，需要赋予特定权利的事项；（3）提供公众服务并且直接关系公共利益的职业、行业，需要确定具备特殊信誉、特殊条件或者特殊技能等资格、资质的事项；（4）直接关系公共安全、人身健康、生命财产安全的重要设备、设施、产品、物品，需要按照技术标准、技术规范，通过检验、检测、检疫等方式进行审定的事项；（5）企业或者其他组织的设立等，需要确定主体资格的事项；（6）法律、行政法规规定可以设定行政许可的其他事项。

此外，根据《行政许可法》第十三条的规定，能够通过下列方式予以规范的，可以不设行政许可：（1）公民、法人或者其他组织能够自主决定的；（2）市场竞争机制能够有效调节的，比如出租车行业的行政许可；（3）行业组织或者中介机构能够自律管理的；（4）行政机关采用事后监督等其他行政管理方式能够解决的。

（二）行政许可的设定权

行政许可设定是有关行政许可设定权限的法律制度，其存在的意义在于规范行政许可的设定权，避免行政许可设定权的滥用。行政许可的设定权主要包括设定长期行政许可和临时行政许可两种不同的权限。

1. 长期行政许可的设定

行政许可的设定主体及其方式都是法定的，有权设定行政许可的国家机关只能用法律规定的方式才能设定行政许可。根据《行政许可法》第十四条、第十五条，有权设定长期行政许可的行政主体及其相应的设定方式有：（1）全国人大及其常委会可以通过法律设定行政许可；（2）国务院可以通过行政法规设定行政许可，也可以采用发布决定的方式设定行政许可；（3）省、自治区、直辖市的人民代表大会及其常务委员会和较大的市的人民代表大会及其常委会可以通过地方性法规设定行政许可。

2. 临时行政许可的设定

所谓临时行政许可，是指附期限的行政许可，根据我国行政许可法，国务院和省级人民政府有权设定临时行政许可。

国务院通过发布决定设定临时行政许可，必须符合以下几个条件：第一，法律、行政法规尚未设定该许可；第二，来不及制定法律和行政法规且又为行政管理所必需；第三，实施后应当及时提请全国人大及其常委会制定法律或者自行制定行政法规。

省级人民政府通过地方政府规章设定临时行政许可，必须符合以下几个条件：第一，法律、行政法规和地方性法规尚未设定该许可；

第二，为国家行政管理所需要，确需立即实施该行政许可的；第三，实施期限为一年，一年内应当自行取消，如果实施满一年需要继续实施的，应当提请本级人民代表大会及其常务委员会制定地方性法规。此外，还在设定事项的范围上有所限制。

（三）行政许可的实施主体

一般而言，行政许可的实施主体就是具有行政许可权的行政机关，但出于行政工作的现实需要，在法律、法规和规章有特殊规定的情况下，有权实施行政许可的机关也可以授权或委托其他组织实施行政许可。为了方便行政相对人申请行政许可，行政许可法还规定了行政许可的相对集中与统一办理制度。

1. 授权实施行政许可制度

所谓授权实施行政许可，是指行政许可的实施机关授权其他组织实施行政许可。实施机关依据法律、法规在法定范围内，将实施行政许可的权力授予法律、法规授权的具有管理公共事务职能的组织。这些组织不是指国家机关和政党组织，而是指企业、事业单位与社会团体。被授权机关以自己的名义实施行政许可，并对其所实施的行政许可行为承担法律责任。

2. 委托实施行政许可制度

所谓委托实施行政许可，是指行政主体的实施机关委托其他行政机关实施行政许可。具有行政许可权的行政机关依照法律、法规和规章的规定，委托其他行政机关（包括委托机关下级行政机关及其分支机构）实施行政许可，并且应当将受委托行政机关和受委托实施行政许可的内容予以公告。受委托机关以委托机关的名义实施行政许可，且不得再委托其他组织和个人实施行政许可。委托机关对受委托机关实施行政许可的行为承担法律责任，并且对受委托机关实施行政许可的行为进行监督。

3. 相对集中行政许可权制度

相对集中行政许可权，根据《行政许可法》第二十五条的规定，系指经国务院批准，省、自治区、直辖市人民政府根据精简、统一、效能的原则，可以决定一个行政机关行使有关行政机关的行政许可权。

4. 行政许可的统一办理制度

所谓行政许可的统一办理制度，是指行政机关实施行政许可，应当确定一个机构统一受理行政许可申请、统一送达行政许可决定。具体表现为两种情况：第一，将由多个内设机构办理的行政许可交由一个内设机构办理，比如在税务行政许可中，各级税务机关应当指定一个内设机构或者设置固定窗口，统一负责受理行政许可申请、送达行政许可决定；第二，将由多个行政部门实施的行政许可，组织有关部门联合办理，或者确定由一个部门受理行政许可申请并转告有关部门分别提出意见后统一办理。比如，《舟山市人民政府行政许可统一办理联合办理集中办理暂行规定》第八条规定，"由两个以上行政机关（窗口）分别实施的行政许可，由市审批办证服务中心组织统一办理、联合办理，实行并联审批"。

需要注意，若当事人对统一办理的行政许可行为不服提起诉讼，应以对当事人作出具有实质影响的不利行为的机关为被告。

5. 专业技术组织实施行政许可的制度

根据我国《行政许可法》第二十八条的规定，对直接关系公共安全、人身健康、生命财产安全的设备、设施、产品、物品的检验、检测、检疫，除法律、行政法规规定由行政机关实施的外，应当逐步由符合法定条件的专业技术组织实施。专业技术组织及其有关人员对所实施的检验、检测、检疫结论承担法律责任。

（四）行政许可的申请程序

公民、法人或者其他组织从事特定活动，依法需要取得行政许可的，应当向行政机关提出申请。行政机关指定相对人实施特定活动的行为，如果不需要申请人申请，是行政机关依职权可以主动作出的，原则上不属于行政许可，但需要予以规范。

1. 申请书

申请书需要采用格式文本的，行政机关应当向申请人提供行政许可申请书格式文本。

2. 代理人申请

除非依法应当由申请人到行政机关办公场所提出行政许可申请的，申请人可以委托代理人提出行政许可申请。比如在公安行政许可中，对申请人委托代理人提出行政许可申请的，公安机关应当要求当事人出具授权委托书或者在申请表上委托栏中载明委托人和代理人的简要情况，并签名或者盖章，出示委托人身份证件。

3. 申请的对象

公民、法人或者其他组织具体向哪个行政部门申请行政许可，应当根据特定的行政许可事项、设定该行政许可的法律、行政法规和其他有关规定确定。

4. 申请的方式

行政许可申请可以通过信函、电报、电传、传真、电子数据交换和电子邮件等方式提出。

5. 行政许可实施机关的义务

（1）公开义务，行政机关应当将法律、法规、规章规定的有关行政许可的事项、依据、条件、数量、程序、期限以及需要提交的全部材料的目录和申请书示范文本等在办公场所公示。（2）解释说明义务，申请人要求行政机关对公示内容予以说明、解释的，行政机关应当说明、解释，提供准确、可靠的信息。（3）不附带法外条件的义务，行政机关不得要求申请人提交与其申请的行政许可事项无关的技术资料和其他材料。（4）推行电子政务的义务，行政机关应当建立和完善有关制度，推行电子政务，在行政机关的网站上公布行政许可事项，方便申请人采取数据电文等方式提出行政许可申请；应当与其他行政机关共享有关行政许可信息，提高办事效率。

6. 申请人的义务

行政许可申请人的义务主要就是诚信义务。《行政许可法》第三十一条规定："申请人申请行政许可，应当如实向行政机关提交有关材料和反映真实情况，并对其申请材料实质内容的真实性负责。"

（五）行政许可的初审和受理程序

行政许可机关接到行政许可申请后，应当对行政许可申请进行一个初审，以决定是否受理。

我国《行政许可法》中对于初审没有详细的规定，该规定主要体现在具体行政机关的行政许可规程中，以教育行政许可为例，根据《实施教育行政许可若干规定》第十条的规定，初审的内容一般包括以下几个方面：第一，申请事项是否依法需要取得行政许可；第二，申请事项是否属于本机关职权范围；第三，申请人是否具有不得提出行政许可申请的情形；第四，申请人是否提交了法律、法规、规章规定的申请材料；第五，申请材料是否齐全和符合法定形式，内容填写是否正确。

在经过初审后，行政许可机关应当按照《行政许可法》第三十二条和第七十四条的规定对申请人提出的行政许可申请根据下列情况分别作出处理：

（1）申请事项依法不需要取得行政许可的，应当即时告知申请人不受理。

（2）申请事项依法不属于本行政机关职权范围的，应当即时作出不予受理的决定，并告知申请人向有关行政机关申请。

（3）申请材料存在可以当场更正的错误的，应当允许申请人当场更正。申请人提交的申请材料不齐全、不符合法定形式，不一次告知申请人必须补正的全部内容的，由其上级行政机关或者监察机关责令改正；情节严重的，对直接负责的主管人员和其他直接责任人员依法给予行政处分。

（4）申请材料不齐全或者不符合法定形式的，应当当场或者在五日内一次告知申请人需要补正的全部内容，逾期不告知的，自收到申请材料之日起即为受理。

（5）申请事项属于本行政机关职权范围，申请材料齐全、符合法定形式，或者申请人按照本行政机关的要求提交全部补正申请材料的，应当受理行政许可申请。

（6）行政机关受理或者不予受理行政许可申请，应当出具加盖本行政机关专用印章和注明日期的书面凭证。

（7）对符合法定条件的行政许可申请不予受理的，由其上级行政机关或者监察机关责令改正；情节严重的，对直接负责的主管人员和其他直接责任人员依法给予行政处分。

（六）行政许可的决定程序

申请人的申请符合法定条件、标准的，行政机关应当依法作出准予行政许可的书面决定。需要颁发行政许可证件的，应当向申请人颁发加盖本行政机关印章的行政许可证件。

行政机关依法作出不予行政许可的书面决定的，应当说明理由，并告知申请人享有依法申请行政复议或者提起行政诉讼的权利。在受理、审查、决定行政许可过程中，未向申请人、利害关系人履行法定告知义务的，由其上级行政机关或者监察机关责令改正；情节严重的，对直接负责的主管人员和其他直接责任人员依法给予行政处分。

行政机关作出的准予行政许可决定，应当予以公开，公众有权查阅。

（七）行政许可的听证程序

1. 听证事项

所谓听证事项是指实施行政许可应当听证的事项，根据《行政许可法》第四十六条的规定，我国行政许可的听证事项如下：（1）法定听证事项，即法律、法规、规章规定实施行政许可应当听证的事项；（2）依职权听证事项，即涉及公共利益的重大事项且行政机关也认为需要听证的事项；（3）依申请听证事项，即行政许可直接涉及申请人与他人之间重大利益关系的需要举行听证的事项。

2. 听证前公告制度

对于依法定听证事项和行政许可机关依职权启动的听证事项，行政机关应当在听证程序开始之前将听证程序的相关信息向全社会公告。公告内容包括：听证事项、拟授予行政许可的基本情况、听证时间和地点、听证人员、参加行政许可听证的申请人应当具备的条件和提出申请的方式等。公告期一般为十到三十天。

对于依申请听证事项，行政许可机关行政机关应当在作出行政许可决定之前告知申请人、利害关系人享有要求听证的权利；行政机关应当于举行听证的七日前将举行听证的时间、地点通知申请人、利害关系人，必要时予以公告。行政听证的公告内容还包括听证事由、有关委托代理人、申请回避等程序权利以及听证主持人、听证人员及记录员的姓名、身份。举行公证的公告期一般为三十日，特殊情况下也可以延长。

3. 听证程序的启动

对于法定听证事项和依职权的听证事项，行政许可机关应当依法启动听证程序。对于依申请的听证事项，行政许可的申请人、利害关系人可以在行政机关作出行政许可决定之前要求行政许可机关进行听证；申请人，利害关系人在被告知听证权利之日起五日内提出听证申请的，行政机关应当在二十日内组织听证。依法应当举行听证而不举行听证的，由其上级行政机关或者监察机关责令改正；情节严重的，对直接负责的主管人员和其他直接责任人员依法给予行政处分。依法应当进行听证的行政许可事项不组织听证，或者不按照规定组织听证的，不得作出行政许可决定。依法应当举行听证而不举行听证的，根据利害关系人的请求或者依据职权，可以撤销行政许可，由此给当事人的合法权益造成损害的，应当给予赔偿；撤销行政许可可能对公共利益造成重大损害的，不予撤销。

4. 听证公开原则

听证原则上应当公开举行。作为公开的例外情况包括涉及国家秘密、商业秘密、个人隐私和行政机关部门工作秘密。公开听证的，听证过程中应当允许群众旁听。公民申请参加公开举行的听证，应当具有完全民事责任能力且并无被剥夺政治权利。

5. 回避制度

行政机关应当指定审查该行政许可申请的工作人员以外的人员为听证主持人，申请人、利害关系人认为主持人与该行政许可事项有直接利害关系的，有权申请回避。一般而言，听证主持人的回避由行政许可听证实施部门负责人决定，听证主持人为听证实施部门负责人的，其回避由举行听证的行政机关负责人决定。听证人员和记录员的回避由听证主持人决定。

6. 申辩与质证制度

举行听证时，审查该行政许可申请的工作人员应当提供审查意见的证据、理由，申请人、利害关系人可以提出证据，并进行申辩和质证。

7. 笔录制度

行政许可听证的准司法性集中表现为：行政机关应当根据听证笔录，作出行政许可决定。对听证笔录中没有认证、记载的事实依据，或者申请人听证后提交的证据，可以不予采信。这就使得行政许可听证中行政许可申请人、利害关系人的申辩与质证情况对最后的行政许可决定具有实质性影响，有利于保护行政许可申请人、利害关系人合法权益。

（八）行政许可的期限

1. 行政许可的决定期限

《行政许可法》第三十四条第二款规定，"申请人提交的申请材料齐全、符合法定形式，行政机关能够当场作出决定的，应当当场作出书面的行政许可决定"。《行政许可法》第四十二条第一款规定，"不能当场作出许可决定的，应当自受理行政许可申请之日起二十日内作出行政许可决定。二十日内不能作出决定的，经本行政机关负责人批准，可以延长十日，并应当将延长期限的理由告知申请人。但是，法律、法规另有规定的，依照其规定"。《行政许可法》第四十二条第二款规定，对于"统一办理或者联合办理、集中办理的许可，办理的时间不得超过四十五日；四十五日内不能办结的，经本级人民政府负责人批准，可以延长十五日，并应当将延长期限的理由告知申请人"。《行政许可法》第四十三条规定，"依法应当先经下级行政机关审查后报上级行政机关决定的行政许可，下级行政机关应当自其受理行政许可申请之日起二十日内审查完毕。但是，法律、法规另有规定的，依照其规定"。

2. 行政许可的送达期限

《行政许可法》第四十四条规定，"行政机关作出准予行政许可的决定，应当自作出决定之日起十日内向申请人颁发、送达行政许可证件，或者加贴标签、加盖检验、检测、检疫印章"。

3. 行政许可期限的排除

《行政许可法》第四十五条规定，"行政机关作出行政许可决定，依法需要听证、招标、拍卖、检验、检测、检疫、鉴定和专家评审的，所需时间不计算在本节规定的期限内。行政机关应当将所需时间书面告知申请人"。《行政许可法》第八十二条规定,"行政机关实施行政许可的期限以工作日计算,不含法定节假日"。

(九)行政许可的时空效力

1. 行政许可的时间效力

行政许可的时间效力是指行政许可发生法律效力的时段及其延续。不同类型的行政许可在时间效力方面具有不同的制度安排:(1)对于未附期限的行政许可,其在行政许可生效后一直具有法律效力直至行政许可被依法撤回、撤销、吊销、注销。(2)对于附期限的行政许可,行政许可的法律效力自所附期限届满时终止,但可以通过行政许可的延续制度延续其法律效力。(3)对于临时性行政许可,省级地方政府通过地方政府规章设定的临时性行政许可的有效期最长为一年,一年届满需要继续实施的,应当提请本级人民代表大会及其常委会制定地方性法规。国务院设定的临时性许可也并非长期有效,该临时许可在实施一段时间后应当及时提请全国人大及其常委会制定法律,或者自行制定行政法规来重新设定。

2. 行政许可的地域效力

行政许可的地域效力是指行政许可发生法律效力的地理范围。行政许可法确立的规则是:(1)对于由法律、行政法规设定的行政许可,其适用范围没有地域限制,申请人取得的行政许可在全国范围内有效,除非法律、行政法规对地域限制作出特别规定;但当法律和行政法规规定地域限制时,行政许可机关作出许可时,必须表明行政许可的适用地域。(2)对于由地方性法规和省级人民政府规章设定的行政许可,在本区域内有效,不适用全国;但它不得限制其他地区的个人或者企业到本地区从事生产经营和提供服务，也不得限制其他地区的商品进入本地区市场。

（十）行政许可的变更

行政许可的变更是指在行政许可的有效期内行政许可的内容、期限、形式等的变化。根据行政行为的一般原理，对于被许可人的变更不视为行政许可的变更，而是行政许可的消灭与重作。

原则上，行政机关不得擅自变更行政许可。《行政许可法》第八条第一款规定，"公民、法人或者其他组织依法取得的行政许可受法律保护，行政机关不得擅自改变已经生效的行政许可"。但也存在确需变更的例外情况，行政机关对行政许可进行变更通常是依职权或依被许可人申请。

1. 行政机关依职权变更

在部分情形和条件下，行政机关可以依职权变更行政许可：其一，行政许可所依据的法律、法规、规章修改或者废止；其二，准予行政许可所依据的客观情况发生重大变化的；其三，为了公共利益的需要；其四，符合其他法定要件。行政许可决定机关依职权变更行政许可的，在被许可人无过错的情况下，由此给公民、法人或者其他组织造成财产损失的，行政机关应当依法给予补偿。

2. 依被许可人申请变更

被许可人要求变更行政许可事项，向作出行政许可决定的行政机关提出变更申请。

（十一）行政许可的消灭

行政许可的消灭，是指使行政许可的法律效力消失的制度，具体包括行政许可的撤回、撤销、注销和吊销。附有有效期的行政许可期满失效，是一种行政法律事实而非行政法律行为的结果，属于行政许可的时间效力问题，不属于行政许可的消灭制度。

1. 行政许可的撤回

作出行政许可决定的行政机关有权撤回行政许可。行政许可撤回将使行政许可的效力归于消灭，在被许可人无过错的情况下，由此给公民、法人或者其他组织造成财产损失的，行政机关应当依法给予补偿。

导致行政许可撤回的具体情形有四种：其一，行政许可所依据的法律、法规、规章修改或者废止；其二，准予行政许可所依据的客观情况发生重大变化的；其三，为了公共利益的需要；其四，符合其他法定要件。

2. 行政许可的撤销

作出行政许可决定的行政机关或者其上级行政机关有权根据利害关系人的请求或者依据职权撤销行政许可。行政许可撤销将使行政许可的效力归于消灭，因行政许可机关的许可行为违法而导致行政许可被撤销的，被许可人的合法权益受到损害的，行政机关应当依法给予赔偿。

导致行政许可撤回的具体情形包括：其一，行政机关工作人员滥用职权、玩忽职守作出准予行政许可决定的；其二，超越法定职权作出准予行政许可决定的；其三，违反法定程序作出准予行政许可决定的；其四，不具备申请资格或者不符合法定条件的申请人准予行政许可的；其五，行政许可机关及其工作人员违法作出许可依法可以撤销行政许可的其他情形；其六，被许可人以欺骗、贿赂等不正当手段取得行政许可的。

需要注意，《行政许可法》第六十九条第三款规定："撤销行政许可，可能对公共利益造成重大损害的，不予撤销。"

3. 行政许可的注销

行政机关有权注销行政许可，注销将使行政许可的效力归于消灭。导致行政许可注销的情形包括：其一，行政许可有效期届满未延续的；其二，赋予公民特定资格的行政许可，该公民死亡或者丧失行为能力的；其三，法人或者其他组织依法终止的；其四，行政许可依法被撤销、撤回，或者行政许可证件依法被吊销的；其五，因不可抗力导致行政许可事项无法实施的；其六，法律、法规规定的应当注销行政许可的其他情形。

4. 行政许可的吊销

行政许可的吊销，是指行政处罚机关针对相对人的违法从事被许可的行为，依法取消其行政许可，使其今后不再具有效力的行政处罚行为。行政许可吊销属于行政处罚制度的内容，是行政处罚的手段，但也属于行政许可制度的内容，属于行政许可的消灭制度。

在当事人不提出进行听证的情况下，吊销行政许可一般程序必须经过五个步骤：（1）调查取证；（2）告知处罚事实、理由、依据和有关权利；（3）听取陈述、申辩或举行听证；（4）作出处罚决定；（5）送达处罚决定书。

（十二）行政许可的法律救济

当公民、法人和其他组织认为行政机关的行政许可行为侵犯自己的合法权益时，行政相对人或相关人拥有以下法律手段实现救济。

1. 行政复议和行政诉讼

《行政许可法》第七条规定，"公民、法人或者其他组织对行政机关实施行政许可……有权依法申请行政复议或者提起行政诉讼"。

2. 行政赔偿

《行政许可法》第七条规定，公民、法人或者其他组织"合法权益因行政机关违法实施行政许可受到损害的，有权依法要求赔偿"。

3. 行政补偿

《行政许可法》第八条第二款规定，"行政许可所依据的法律、法规、规章修改或者废止，或者准予行政许可所依据的客观情况发生重大变化的，为了公共利益的需要，行政机关可以依法变更或者撤回已经生效的行政许可。由此给公民、法人或者其他组织造成财产损失的，行政机关应当依法给予补偿"。

4. 撤销行政许可

行政许可实施机关违法行政许可行为侵犯公民、法人和其他组织合法权益时，利害关系人可以向作出行政许可的机关或其上级机关请求撤销违法行政许可。

三 常见法律问题

（一）对行政许可内容进行细化规定的注意事项有哪些？

行政许可规定是有关行政许可规定权限的法律制度，其存在的意义在于规范行政许可的规定权，避免行政许可规定权的滥用。

行政许可规定的内容不是对行政许可设定的内容作简单的重复，

否则便失去立法意义，而是作进一步的"细化"。然而，这一细化也不是无条件的，它受到下列条件的严格限制：第一，不得超越设定法所规定的行政许可事项范围，法规、规章对实施上位法设定的行政许可作出的具体规定，不得增设行政许可；第二，不得改变实施行政许可的机关，下位法不得改变上位法设定的许可实施机关，但在此基础上可以规定其内设机构或所属事业单位以实施机关的名义受理许可申请；第三，不得增设实施行政许可的条件。

（二）地方有关机关如何依法设定行政许可？

行政许可法授予了地方设定行政许可的权力：省、自治区、直辖市的人民代表大会及其常务委员会和较大的市的人民代表大会及其常委会可以通过地方性法规设定行政许可；省级人民政府可以通过地方政府规章设定临时行政许可。

《行政许可法》第十五条第二款规定："地方性法规和省、自治区、直辖市人民政府规章，不得设定应当由国家统一确定的公民、法人或者其他组织的资格、资质的行政许可；不得设定企业或者其他组织的设立登记及其前置性行政许可。其设定的行政许可，不得限制其他地区的个人或者企业到本地区从事生产经营和提供服务，不得限制其他地区的商品进入本地区市场。"国务院行政审批制度改革工作领导小组办公室《关于进一步推进省级政府行政审批制度改革的意见》规定："对银行业、证券业、保险业中实行垂直管理的事项，地方性法规、地方人民政府规章都不得设定行政审批，已经设定的，要依法取消。"

除了与设定行政许可的地方性法规共同受到上述限制外，设定行政许可的地方政府规章还要受以下要求的约束：第一，法律、行政法规和地方性法规尚未设定该许可；第二，为国家行政管理所需要，确需立即实施该行政许可的；第三，实施期限为一年，一年内应当自行取消，如果实施满一年需要继续实施的，应当提请本级人民代表大会及其常务委员会制定地方性法规。

（三）行政许可是否完全免费？

行政许可以免费为原则，以收费为例外。《行政许可法》第五十八条规定："行政机关实施行政许可和对行政许可事项进行监督检查，不得收取任何费用。但是，法律、行政法规另有规定的，依照其规定。行政机关实施行政许可所需经费应当列入本行政机关的预算，由本级财政予以保障，按照批准的预算予以核拨。"

行政许可需要收费的，必须满足一定的要件。《行政许可法》第五十九条规定，"行政机关实施行政许可，依照法律、行政法规收取费用的，应当按照公布的法定项目和标准收费"，而且"所收取的费用必须全部上缴国库，任何机关或者个人不得以任何形式截留、挪用、私分或者变相私分。财政部门不得以任何形式向行政机关返还或者变相返还实施行政许可所收取的费用"。

行政处罚法

第四讲
CHAPTER 4

CHAPTER 4

第四讲　**行政处罚法**

所谓行政处罚，根据《行政处罚法》第二条的定义，是指"行政机关依法对违反行政管理秩序的公民、法人或者其他组织，以减损权益或者增加义务的方式予以惩戒的行为"。行政处罚制度是行政法律制度的重要组成部分，行政处罚是行政执法的常见手段。《行政处罚法》是中华人民共和国第一部系统规范行政执法行为的国家法律，在我国行政法发展的历史上具有开创性地位，是我国行政执法法治化的里程碑。

- 法律概述
  - 立法背景和历史意义
  - 两次小幅修订
  - 全面修订

- 法律知识要点
  - 基本原则
    - 处罚法定原则
    - 公正原则
    - 公开原则
    - 处罚与教育相结合原则
    - 可救济原则
    - 不替代其他法律责任原则
  - 行政处罚的种类
  - 行政处罚的设定权
  - 行政处罚的实施机关
  - 行政处罚的授权实施制度
  - 行政处罚的委托实施制度
  - 行政处罚的告知和陈述申辩制度
  - 行政处罚的全程记录制度
  - 行政处罚决定的公开制度
  - 行政处罚的简易程序
  - 行政处罚的听证程序
  - 行政处罚的法律救济制度

- 常见法律问题
  - 如何区分行政处罚与其他行政行为？
  - 如何区分不同种类的行政处罚？
  - 如何认识不予行政处罚的情形？
  - 如何处理违反突发事件应对措施的行为？

一 法律概述

我国规范行政处罚制度的法律主要是《中华人民共和国行政处罚法》(以下简称行政处罚法)。现行行政处罚法是由第八届全国人大第四次会议于1996年3月17日通过的,自1996年10月1日开始实施,于2009年和2017年被小幅修订。2021年1月22日,第十三届全国人大常委会第二十五次会议对《行政处罚法》进行系统性全方位修订,标志着我国行政处罚制度进入了新的历史阶段。

(一) 立法背景和历史意义

1996年3月17日,第八届全国人大第四次会议通过了行政处罚法,首次以法律的形式对行政处罚进行了全面规范。实际上,在行政处罚法制定之前,行政处罚就已经存在并被广泛应用于各级政府的行政管理中,它是各级政府有效行使管理职权、保障法律贯彻执行的重要执法手段。

1996年行政处罚法颁行之前,行政处罚缺乏统一且明确的法律规定,所以时任全国人民代表大会常务委员会秘书长曹志同志说:"由于对行政处罚的一些基本原则没有统一的法律规定,实践中存在一些问题,主要表现在处罚的随意性,特别是有些地方和部门随意罚款,或一事几次罚、几个部门罚等,人民群众很有意见。造成乱处罚、乱罚款的主要原因是:一、行政处罚的设定权不明确,有些行政机关随意设定行政处罚;二、执罚主体混乱,不少没有行政处罚权的组织和人员实施行政处罚；三、行政处罚程序缺乏统一明确的规定，缺少必要的监督、制约机制，随意性较大，致使一些行政处罚不当。"①

为解决当时行政处罚存在的诸多问题，回应人民群众对于部分执法乱象怪象的意见，破除社会主义市场经济体制建设的体制障碍，全国人大常委会的工作部门会同中央有关部门，地方人大、政府和各方面的专家历经几年调研起草、讨论修改，终于在1996年制定颁布行政处罚法。

1996年的行政处罚法系统性地规范了行政处罚的基本制度，其按照总则、行政处罚的种类和设定、实施机关、管辖和适用、决定、程序、执行、法律责任和附则的编排体例展开，建立起覆盖行政处罚全过程的兼具实体和程序的法律制度，使我国行政处罚制度拥有了总括性的法律规定和法律依据。

行政处罚法的颁行，"不仅实现了对违法者违法行为的惩戒和教育，也体现了对执法者处罚行为的监督和约束，同时还注重对立法者设定处罚行为的限制和规范"，②这是"我国行政法制建设中的一件大事，也是加强社会主义民主政治建设的一个重要步骤"。③

行政处罚法不仅规范了行政处罚过程中存在的乱象，而且确立了行政行为法律的制定思路、编排体例和立法技术，这为行政许可法和行政强制法以及日后颁行的大量规范行政机关管理行为的综合性和专门性法律、法规、规章及其他规范性文件提供了重要的借鉴和参考，

---

① 曹志：《关于〈中华人民共和国行政处罚法（草案）〉的说明》，载《中华人民共和国全国人民代表大会常务委员会公报》1996年第3期。

② 应松年、张晓莹：《〈行政处罚法〉二十四年：回望与前瞻》，载《国家检察官学院学报》2020年第5期。

③ 曹志：《关于〈中华人民共和国行政处罚法（草案）〉的说明》，载《中华人民共和国全国人民代表大会常务委员会公报》1996年第3期。

也在一定程度上加速了我国行政行为立法的进程，进而促进了我国行政法体系的完善和丰富。此后，我国又于2003年颁布了行政许可法、2011年颁布了行政强制法，这三部法律被称为行政行为"三法"，我国行政行为法律的发展基调自此逐渐明确。

（二）两次小幅修订

2009年8月27日，第十一届全国人大常委会对行政处罚法进行小幅修订，主要是因应刑法和治安管理处罚法修改进行的相应修订，将"依照刑法第×条的规定""比照刑法第×条的规定"修改为"依照刑法有关规定"，将"治安管理处罚条例"改为"治安管理处罚法"，行政处罚制度的主要内容没有变化。

2017年9月1日，第十二届全国人大常委会对行政处罚法进行第二次小幅修订，主要是落实"行政执法三项制度"[①]改革，新增条款"在行政机关负责人作出决定之前，应当由从事行政处罚决定审核的人员进行审核。行政机关中初次从事行政处罚决定审核的人员，应当通过国家统一法律职业资格考试取得法律职业资格"。

（三）全面修订

时至2021年，行政处罚法已经实施了25年。在此期间，我国经济社会政治状况发生了很大变化。尤其是2014年党的十八届四中全会决定全面推进依法治国以来，我国法治建设进入了新阶段。在这种情形下，1996年颁布的行政处罚法在很多方面都不能适应时代的发展，需

---

① 所谓"行政执法三项制度"，是指行政执法公示制度、执法全过程记录制度和重大执法决定法制审核制度。

要进行全面修订。于是，全国人大常委会于2018年启动行政处罚法的修订工作，2019年10月形成修改草案征求意见稿，2020年6月委员长会议将行政处罚法修订草案提请第十三届全国人大常委会一审，2020年10月再次审议，2021年1月22日三审通过。新修改的行政处罚法于2021年7月15日起施行。

2021年对行政处罚法进行的全面修订，主要有以下内容：

一是明确了行政处罚的定义。新修订的行政处罚法将行政处罚定义为："行政机关依法对违反行政管理秩序的公民、法人或者其他组织，以减损权益或者增加义务的方式予以惩戒的行为。"行政处罚定义的完善，有利于将所有行政处罚措施纳入行政处罚法的规范，以免一些地方创设的新型行政管理措施规避行政处罚法的约束。

二是完善了行政处罚的种类。在原有的警告、罚款、没收违法所得、没收非法财物、责令停产停业、暂扣或者吊销许可证、暂扣或者吊销执照等处罚种类基础上，新增了通报批评、降低资质等级、责令关闭、限制开展生产经营活动、限制从业等处罚种类，使得行政处罚的法定种类和现实行政执法的需求及实践更加吻合。

三是赋予地方立法机关"行政处罚补充设定权"。新修订的行政处罚法明确规定："法律、行政法规对违法行为未作出行政处罚规定，地方性法规为实施法律、行政法规，可以补充设定行政处罚。拟补充设定行政处罚的，应当通过听证会、论证会等形式广泛听取意见，并向制定机关作出书面说明。地方性法规报送备案时，应当说明补充设定行政处罚的情况。"这一方面扩大了地方立法机关的权力，另一方面对地方立法机关行使补充设定权设定了基本法治约束。

四是将行政处罚实施权下放到乡镇街道。新修订的行政处罚法明确规定："省、自治区、直辖市根据当地实际情况，可以决定将基层管理迫切需要的县级人民政府部门的行政处罚权交由能够有效承接的乡镇人民政府、街道办事处行使，并定期组织评估。决定应当公布。承接行政处罚权的乡镇人民政府、街道办事处应当加强执法能力建设，按照规定范围、依照法定程序实施行政处罚。"这些规定，实际上是对近些年"街乡吹哨、部门报到、接诉即办"等改革的进一步确认。

五是新增行政处罚主观无错不罚制度。新修订的行政处罚法新增规定："当事人有证据足以证明没有主观过错的，不予行政处罚。法律、行政法规另有规定的，从其规定。"这一规定建立了行政处罚主观无错不罚制度，进一步完善和丰富了行政处罚的归责原则。

六是新增行政处罚首违不罚制度。新修订的行政处罚法新增规定："初次违法且危害后果轻微并及时改正的，可以不予行政处罚。"这条规定有利于遏制"小错大罚"，有利于遏制行政处罚权的滥用，有利于优化营商环境，有利于维护行政相对人的合法权益。

七是完善了行政处罚决定无效制度。新修订的行政处罚法新增"行政处罚没有依据或者实施主体不具有行政主体资格的，行政处罚无效。违反法定程序构成重大且明显违法的，行政处罚无效"规定，使得行政处罚无效制度更全面、更符合逻辑。

八是细化了行刑衔接机制。新修订的行政处罚法新增"对依法不需要追究刑事责任或者免予刑事处罚，但应当给予行政处罚的，司法机关应当及时将案件移送有关行政机关。行政处罚实施机关与司法机关之间应当加强协调配合，建立健全案件移送制度，加强证据材料移交、接收衔接，完善案件处理信息通报机制"规定，对行刑衔接机制进行细化。

九是明确民事退赔优先原则。新修订的行政处罚法新增规定："当事人有违法所得，除依法应当退赔的外，应当予以没收。"本条规定将退赔置于没收之上优先落实，有利于行政违法活动的受害者要回损失，有利于更好地保护民商事主体的合法权益。

十是新增关于利用电子设备取证执法的规定。新修订的行政处罚法新增规定："行政机关依照法律、行政法规规定利用电子技术监控设备收集、固定违法事实的，应当经过法制和技术审核，确保电子技术监控设备符合标准、设置合理、标志明显，设置地点应当向社会公布。电子技术监控设备记录违法事实应当真实、清晰、完整、准确。行政机关应当审核记录内容是否符合要求；未经审核或者经审核不符合要求的，不得作为行政处罚的证据。行政机关应当及时告知当事人违法事实，并采取信息化手段或者其他措施，为当事人查询、陈述和申辩提供便利。不得限制或者变相限制当事人享有的陈述权、申辩权。"这些规定，体现了行政处罚法对数字时代权力行使新问题的回应。

二 法律知识要点

（一）基本原则

从《行政处罚法》总则的规定看，我国行政处罚的基本原则有处罚法定原则、公正原则、公开原则、处罚与教育相结合原则、可救济原则、不替代其他法律责任原则等六项基本原则。

1. 处罚法定原则

处罚法定原则是行政处罚的首要基本原则,依据是《行政处罚法》第四条:"公民、法人或者其他组织违反行政管理秩序的行为,应当给予行政处罚的,依照本法由法律、法规、规章规定,并由行政机关依照本法规定的程序实施。"根据行政处罚法定原则的要求,行政处罚必须依据法律规定的实施,行政处罚的主体、种类、理由、程序,乃至行政处罚裁量权的行使,也必须依据法律的规则和原则进行。

2. 公正原则

公正原则是行政处罚重要的基本原则,依据是《行政处罚法》第五条第一款和第二款:"行政处罚遵循公正的原则。设定和实施行政处罚必须以事实为依据,与违法行为的事实、性质、情节以及社会危害程度相当。"这里的"公正"包含两个方面的含义:第一,行政处罚必须以事实为基础;第二,行政处罚的力度必须与违法行为的事实、性质、情节以及社会危害程度相当。如果我们将这两条结合起来,就是行政处罚不仅要依法,而且要合乎社会一般情理,做到处罚有据、处罚适当。

3. 公开原则

公开原则是行政处罚重要的基本原则,依据是《行政处罚法》第五条第一款和第三款:"行政处罚遵循公开的原则。对违法行为给予行政处罚的规定必须公布;未经公布的,不得作为行政处罚的依据。"只有行政处罚依据公开,才能让民众知道行政处罚这项行政行为的运行是否符合已经公布的法律,使得人民群众拥有评判行政处罚行为合法性的发言权,使得公众对政府的监督成为可能。

4. 处罚与教育相结合原则

处罚与教育相结合原则也是行政处罚基本原则，依据是《行政处罚法》第六条："实施行政处罚，纠正违法行为，应当坚持处罚与教育相结合，教育公民、法人或者其他组织自觉守法。"行政处罚的目的并非单纯处罚不法行为，而要立足于教育不法行为人，使不法行为人认识到其行为的不法性，从而防止其继续违法。

5. 可救济原则

可救济原则是为相对人提供保障的行政处罚基本原则，依据是《行政处罚法》第七条："公民、法人或者其他组织对行政机关所给予的行政处罚，享有陈述权、申辩权；对行政处罚不服的，有权依法申请行政复议或者提起行政诉讼。公民、法人或者其他组织因行政机关违法给予行政处罚受到损害的，有权依法提出赔偿要求。"

6. 不替代其他法律责任原则

不替代其他法律责任原则是极具现实性的行政处罚基本原则，其存在的规范依据是《行政处罚法》第八条："公民、法人或者其他组织因违法行为受到行政处罚，其违法行为对他人造成损害的，应当依法承担民事责任。违法行为构成犯罪，应当依法追究刑事责任的，不得以行政处罚代替刑事处罚。"

（二）行政处罚的种类

根据行政处罚法的规定，行政处罚可以进一步分为以下四类。

1. 申诫罚

申诫罚，是指通过向行政相对人发出申明、告诫，引起其思想上的警惕，促使认识到违法行为的违法性并不再进行违法行为的一种行政处罚。《行政处罚法》第九条第一项规定的申诫罚包括警告和通报批评。

（1）警告。警告是最轻的行政处罚手段。这里的"警告"是指书面警告，是以书面形式向被处罚人发出的行政处罚决定。在作出警告处罚时，行政处罚机关必须说明行政处罚的理由，并且给予被处罚人申辩和申诉的机会。警告处罚不会公示于众从而对被处罚人造成声誉上的影响，但也会在行政处罚机关处存档。

（2）通报批评。通报批评是2021年修法新增的一类行政处罚，由于是向被处罚人的工作单位通知或在一定范围甚至在全社会范围内发布而会对被处罚人声誉产生很强的负面影响。

2. 财产罚

财产罚，是指行政处罚机关通过剥夺被处罚人的财产权而实施的行政处罚。《行政处罚法》第九条第二项规定的财产罚主要包括罚款、没收（包括"没收违法所得"和"没收非法财物"）。

（1）罚款。罚款就是给被处罚人施加缴纳罚金义务的行政处罚，也是最常用的行政处罚种类之一。"一事不再罚"是执行罚款的原则，即对当事人的同一个违法行为，不得给予两次以上罚款的行政处罚，"同一违法行为违反多个法律规范应当给予罚款处罚的，按照罚款数额高的规定处罚"。

（2）没收。没收包括"没收违法所得"和"没收非法财物"。对"没收违法所得"中"违法所得"的界定，《行政处罚法》第二十八条规定："违法所得是指实施违法行为所取得的款项。法律、行政法规、部门规章对违法所得的计算另有规定的，从其规定。"可见，一般情况下，"没收违法所得"主要针对"款项"，即货币财产，涵盖违法活动获得的全部款项。违法所得属于已经归于违法行为人合法财产且无从退回受害者的财产所得，一般由行政处罚机关估算，对于可以退回受害人的违法所得，不列入行政处罚范畴。而"没收非法财物"中的"非法财物"主要分为以下几类：一是违禁品，即根据法律法规禁止生产、持有、储存、销售、使用的物品；二是从事非法活动的必备生产工具；三是从事非法活动的原材料；四是其他主要用于非法活动的财物。值得注意的是，非法财物应当是主要用于非法活动的财物，不能将非法财物的范围扩大化，将违法活动人的财物全划为非法财物。

3. 资格罚

资格罚，是指通过限制或剥夺被处罚人行为资格的方式对其施加惩戒，以促使行政相对人不再从事违法行为的一种行政处罚。《行政处罚法》第九条第三项规定的资格罚包括暂扣许可证件、降低资质等级、吊销许可证件三种。

我国当前的资格罚主要是围绕行政许可展开。《行政许可法》第二条规定："行政许可，是指行政机关根据公民、法人或者其他组织的申请，经依法审查，准予其从事特定活动的行为。"行政许可证件的种类包括许可证、执照或者其他许可证书，资格证、资质证或者其他合格证书，行政机关的批准文件或者证明文件，以及法律法规规定的其他行政许可证件。"暂扣许可证件""降低资质等级""吊销许可证件"这三种行政处罚都是针对违法行为人所拥有的资质进行的制裁。"暂扣许可证件"是指暂时中止行政许可效力、暂时中止被处罚人从事特定活动的资格；"降低资质等级"是指缩小行政许可的授权范围、缩小被处罚人从事特定活动的范围；"吊销许可证件"是指终止行政许可的效力、取消被处罚人从事特定活动的资格。

4. 行为罚

行为罚，是指通过限制被处罚人行为自由、对其施加作为或不作为义务的方式施加的一种行政处罚。《行政处罚法》第九条第四项规定的行为罚包括限制开展生产经营活动、责令停产停业、责令关闭、限制从业四种。

（1）限制开展生产经营活动、责令停产停业、责令关闭这三种处罚，针对的是企业和其他经营性组织，它们都是对被处罚人的民事活动予以限制或禁止，其严厉程度也是逐渐增加的，在法律责任中往往一并规定，根据情节和后果选择适用。

（2）限制从业是2021年修法新增的直接针对公民的处罚，既可以是暂时的，也可以是永久的、终身的限制从业。但基于公民生存权、劳动权的考虑，只能限制公民从事某些特定职业，不能剥夺公民从事全部职业的自由。

5. 人身罚

人身罚亦称自由罚，是通过限制被处罚人人身自由的方式施加的行政处罚。我国《行政处罚法》规定的自由罚主要包括行政拘留、限期或者驱逐出境。

（1）行政拘留。行政拘留是行政处罚机关短期限制公民人身自由的处罚，由于涉及人身自由，所以在设定、决定和执行上都有严格的法律限定。

（2）限期或者驱逐出境。具体是指有权机关对违反我国法律规范的外国人、无国籍人采取的强令其离开我国的行政处罚种类，属于《行政处罚法》第九条第六项所规定的"其他行政处罚"。这通常作为一种附加处罚，与其他行政处罚共同实施。

（三）行政处罚的设定权

行政处罚法是控制权力的法，这其中首先需要控制的，就是行政处罚的设定权。根据行政处罚法的相关规定，我国行政处罚设定权如下。

1. 只能通过法律创设的类型

限制人身自由的行政处罚，必须由法律创设，即必须由全国人大及其常委会以立法程序创设。

2. 只能通过法律、行政法规创设的类型

行政法规可以将法律没有确定为违法的行为，确定为违法行为，同时针对这种违法行为设定除限制人身自由以外的行政处罚。

3. 只能通过法律、行政法规和地方性法规创设的类型

地方性法规可以设定除限制人身自由、吊销营业执照以外的行政处罚。2021年修法为地方性法规对法律、行政法规未作出行政处罚规定的违法行为进行补充设定设计了更严格的程序，"应当通过听证会、论证会等形式广泛听取意见，并向制定机关作出书面说明"。

4. 除法律、行政法规、地方性法规外，还可以由规章创设的类型

规章有两种：一种是部门规章，即具有行政管理权的国务院部委根据《规章制定程序条例》制定的规范性文件；另一种是地方政府规章，是指省、自治区、直辖市人民政府和省、自治区人民政府所在地的市人民政府以及经国务院批准的较大的市人民政府根据《规章制定程序条例》制定的规范性文件。对于制定法律、行政法规的违法行为，规章可以设定警告、通报批评或者一定数量罚款的行政处罚，罚款的

限额由国务院或地方人大常委会规定。

行政处罚的设定权仅归属于少数机关，但是在实践中，出于种种考虑，下级行政机关依然具有就上级行政机关创设的行政处罚事项作出具体规定的权力，这就是行政处罚规定权。但必须注意，这种权力不能僭越法定的设定权，不能以规定的形式变相创设行政处罚。

（四）行政处罚的实施机关

在《行政处罚法》颁布之前，一些并非行政机关的部门甚至企事业单位也出于私利而行使行政处罚，行政处罚实施混乱无序，严重危害了人民的合法权益，因此1996年立法对行政处罚的实施机关作出了限制性规定。

《行政处罚法》第十七条规定，"行政处罚由具有行政处罚权的行政机关在法定职权范围内实施"，这一规定包含了三重要求。

1. 实施主体必须是行政机关

这里的行政机关与我们日常所理解的狭义的行政机关有所差别，狭义的行政机关指的是国务院和地方各级人民政府。而第十七条规定所指的是广义的行政机关，即不仅包括国务院和地方各级人民政府，还包括各级行政机关所属的工作部门、直属机构、特设机构、派出机关等所有拥有独立的行政单位法人资格和行政编制的行政机构。

2. 实施主体必须拥有行政处罚权

只有行政机关才能实施行政处罚，不等同于所有的行政机关都能实施行政处罚，实施主体还必须拥有法律赋予的行政处罚权。

3. 实施主体必须在法定范围内实施行政处罚

拥有行政处罚权的行政机关不能任意行使权力，必须在法定范围内实施行政处罚。所谓"法定范围",通常是法律规定了行政处罚的种类、幅度、程序等要求,如果实施主体超越法定范围,就会产生相应的法律责任。

(五)行政处罚的授权实施制度

《行政处罚法》第十九条规定,"法律、法规授权的具有管理公共事务职能的组织可以在法定授权范围内实施行政处罚",这一规定包含了三重要求。

1. 授权方式

有权机关必须通过制定法律、法规进行授权,不能仅仅通过规章甚至是其他规范性文件进行。此外,法律、法规中必须有具体且明确的授权条款,不能是概括性的规定。

2. 被授权的组织

被授权的组织不能是行政机关,必须是具有公共事务管理职能的组织,是否具有公共管理职能也是由法律、法规明确规定的。

3. 权力行使

被授权组织应当在法定范围内实施行政处罚,应以自己的名义实施,相应地,也应独立承担法律后果。

(六)行政处罚的委托实施制度

我国《行政处罚法》第二十条第一款规定:"行政机关依照法律、法规、规章的规定,可以在其法定权限内书面委托符合本法第二十一条规定条件的组织实施行政处罚。行政机关不得委托其他组织或者个人实施行政处罚。"这一规定包含了四重要求。

1. 委托主体

委托主体必须是拥有行政处罚权的行政机关，不能是没有行政处罚实施权的行政机关，也不能是通过授权获得行政处罚实施权的其他组织。

2. 受委托组织

根据我国《行政处罚法》第二十一条的规定，受委托组织必须满足一定的条件：（1）依法成立并具有管理公共事务职能；（2）有熟悉有关法律、法规、规章和业务并取得行政执法资格的工作人员；（3）需要进行技术检查或者技术鉴定的，应当有条件组织进行相应的技术检查或者技术鉴定。

3. 委托依据

与授权实施不同，委托实施的法律依据不限于法律、法规，还包括规章。

4. 委托方式

委托必须通过书面方式进行，书面委托文件必须载明双方主体、委托的具体事项、权限、期限等法定必要内容，且必须向全社会公开。

5. 权力行使

受托组织必须以委托方的名义实施行政处罚，不能以自己的名义实施行政处罚，相应地，也应由委托方承担法律后果，委托方有权力且应当负责监督受托组织实施行政处罚的行为。此外，严禁受托组织将委托事项再次委托给第三方的行为。

（七）行政处罚的告知和陈述申辩制度

《行政处罚法》第四十四条规定："行政机关在作出行政处罚决定

之前，应当告知当事人拟作出的行政处罚内容及事实、理由、依据，并告知当事人依法享有的陈述、申辩、要求听证等权利。"

《行政处罚法》第四十五条规定："当事人有权进行陈述和申辩。行政机关必须充分听取当事人的意见，对当事人提出的事实、理由和证据，应当进行复核；当事人提出的事实、理由或者证据成立的，行政机关应当采纳。行政机关不得因当事人陈述、申辩而给予更重的处罚。"

行政处罚告知制度的目的在于通过保障当事人的知情权而保障当事人的陈述、申辩和听证权利，不仅有利于保障当事人的合法权益，也有利于使行政机关查明案件事实，避免错误处罚。

（八）行政处罚的全程记录制度

《行政处罚法》第四十七条规定："行政机关应当依法以文字、音像等形式，对行政处罚的启动、调查取证、审核、决定、送达、执行等进行全过程记录，归档保存。"

《中共中央关于全面推进依法治国若干重大问题的决定》和《法治政府建设实施纲要（2015—2020年）》对全面推行行政执法公示制度、执法全过程记录制度、重大执法决定法制审核制度作出了具体部署，《国务院办公厅关于全面推行行政执法公示制度执法全过程记录制度重大执法决定法制审核制度的指导意见》进一步明确，"行政执法全过程记录是行政执法活动合法有效的重要保证。行政执法机关要通过文字、音像等记录形式，对行政执法的启动、调查取证、审核决定、送达执行等全部过程进行记录，并全面系统归档保存，做到执法全过程留痕和可回溯管理"。

（九）行政处罚决定的公开制度

我国《行政处罚法》第四十八条规定："具有一定社会影响的行政处罚决定应当依法公开。"

《国务院办公厅关于全面推行行政执法公示制度执法全过程记录制度重大执法决定法制审核制度的指导意见》明确指出："行政执法公示是保障行政相对人和社会公众知情权、参与权、表达权、监督权的重要措施。行政执法机关要按照'谁执法谁公示'的原则，明确公示内容的采集、传递、审核、发布职责，规范信息公示内容的标准、格式。建立统一的执法信息公示平台，及时通过政府网站及政务新媒体、办事大厅公示栏、服务窗口等平台向社会公开行政执法基本信息、结果信息。涉及国家秘密、商业秘密、个人隐私等不宜公开的信息，依法确需公开的，要作适当处理后公开。发现公开的行政执法信息不准确的，要及时予以更正。"

（十）行政处罚的简易程序

《行政处罚法》第五十一条规定："违法事实确凿并有法定依据，对公民处以二百元以下、对法人或者其他组织处以三千元以下罚款或者警告的行政处罚的，可以当场作出行政处罚决定。法律另有规定的，从其规定。"2021年修法将原来的数额加以提高，并设置了补充条款为部门法预留了执法空间。

（十一）行政处罚的听证程序

1. 听证的启动要件

（1）实体要件：根据《行政处罚法》第六十三条规定，听证程序只适用于较大数额的罚款、降低资质等级、吊销许可证件等处罚较重的情形；（2）程序要件：在法定情况下，行政机关负有告知当事人享有听证权利的义务，当事人要求听证的，行政机关应当组织。

2. 听证的具体程序

根据《行政处罚法》第六十四条的规定，听证应当依照以下程序组织：（1）当事人要求听证的，应当在行政机关告知后五日内提出。（2）行政机关应当在举行听证的七日前，通知当事人及有关人员听证的时间、地点。（3）除涉及国家秘密、商业秘密或者个人隐私依法予以保密外，听证公开举行。（4）听证由行政机关指定的非本案调查人员主持；当事人认为主持人与本案有直接利害关系的，有权申请回避。（5）当事人可以亲自参加听证，也可以委托一至二人代理。（6）当事人及其代理人无正当理由拒不出席听证或者未经许可中途退出听证的，视为放弃听证权利，行政机关终止听证。（7）举行听证时，调查人员提出当事人违法的事实、证据和行政处罚建议，当事人进行申辩和质证。（8）听证应当制作笔录；笔录应当交当事人或者其代理人核对无误后签字或者盖章；当事人或者其代理人拒绝签字或者盖章的，由听证主持人在笔录中注明。

3. 听证笔录的效力

2021年修法要求行政机关将听证笔录作为行政决定的根据，这使原本具有非正式色彩的听证趋向正式化，更加彰显了听证程序的重要意义。

（十二）行政处罚的法律救济制度

无救济则无权利，在行政法领域，当公民认为自己的权益受到行政机关的侵犯时，其有权通过合法的方式获得法律救济，这种法律救济以司法救济为最终保障，途径如下：

1. 申诉或检举

公民、法人或者其他组织对行政机关作出的行政处罚，有权申诉或者检举。行政机关应当认真审查，发现行政处罚有错误的，应当主动改正。

2. 行政复议、行政诉讼或行政赔偿

公民、法人或者其他组织对行政机关所给予的行政处罚，享有陈述权、申辩权。对行政处罚不服的，有权依法申请行政复议或者提起行政诉讼。如果因行政机关在行政处罚过程中的违法行为而受到损害的，公民、法人或者其他组织有权依法提出赔偿要求。

三 常见法律问题

（一）如何区分行政处罚与其他行政行为？

当前，我国行政法体系是以行政行为类型划分为基础展开的，将行政机关的行政活动划分为不同的行政行为，然后根据不同行政行为的属性加以立法规制，是我国行政法体系的一个特点，我国颁布的行政处罚法、行政许可法、行政强制法都可以证明这一特点。因此，为了更好地理解行政处罚的定义，区分行政处罚与其他行政行为就成为我们需要重点关注的法律问题。

在我国，除行政处罚外，常见的行政行为还有行政许可、行政强制（行政强制执行和行政强制措施）、行政指导、行政命令、行政确认、行政给付、行政征收和征用、行政裁决等。行政处罚与其他这些行政行为之间存在重要区别，不能混淆。

若某一行政行为的内容是给行政相对人施加义务或者剥夺权利（对行政相对人不利），则可能属于行政处罚、行政强制、行政征收征用和行政命令。这时候就要看这项行政活动的具体内容。如果是因为行政相对人违法而对其作出制裁性决定，则属于行政处罚；如果是为避免危害的出现或升级，对行政相对人采取临时性约束措施，则属于行政强制措施；如果是为了执行既有的行政决定，则属于行政强制执行；如果是因为公共利益需要剥夺行政相对人的财产所有权或使用权，则属于行政征收征用；如果上述均不属于，则考虑是否属于行政命令。

（二）如何区分不同种类的行政处罚？

2021年新修订的行政处罚法新增和完善了行政处罚的种类，客观上对掌握、区分和适用当前不同种类的行政处罚提出了新的更高的要求。

1. 警告和通报批评

这两个处罚种类的区别在于，警告一般不公开，而通报批评必须在一定范围内甚至在全社会公开。当然，行政警告并非在任何情形下都不公开。我国《行政处罚法》第四十八条规定，具有一定社会影响的行政处罚决定应当依法公开。因此，具有一定社会影响的行政警告，也要向社会公开，在这种情形下，其效果几乎与通报批评一样。

2. 没收违法所得和没收非法财物

没收违法所得是指通过剥夺违法获得款项的方式给予被处罚人的财产性惩戒；而没收非法财物是指通过剥夺从事非法活动所用财物或违禁品所有权的方式给予被处罚人的惩戒。对于使用违法所得购买的用于扩大非法活动规模的生产工具、原材料等，应当视为非法财物，而非违法所得。违法所得是指款项，违法所得的款项变成了扩大非法活动的财物，就是非法财物。

3. 限制开展生产经营活动、责令停产停业、责令关闭和限制从业

限制开展生产经营活动是指通过减少生产经营活动自由的方式施加的行政处罚，一般来说，应当是局部性的，只是限制生产经营的部分自由。责令停产停业则是限制开展生产经营活动的升级，是中止被处罚人生产经营活动的全部自由，但也是有期限的，不会是永久的，期限届满之后，被处罚人就可以恢复生产经营活动的自由。责令关闭是责令停产停业的升级，是永久性中止被处罚人从事生产经营活动的自由，相当于永久地剥夺了从事特定项目生产经营活动的行为自由。限制从业，则是指通过限制或剥夺公民从事特定职业自由的方式对公民个人施加的行政处罚。

4. 刑事拘留、强制传唤和行政拘留

刑事拘留是刑事司法机关依据刑事诉讼法采取的暂时剥夺人身自由的刑事侦查措施。强制传唤是公安机关在办理行政案件时，对无正当理由不接受传唤或者逃避传唤的违反治安管理的违法嫌疑人，使用

强制方法将其带至公安机关或指定地点接受询问的一种限制人身自由的行政强制措施，是有关机关依法履行职责过程中为制止违法行为、防止证据损毁、避免危害发生、控制危险扩大等情形不得已而对相对人采取的限制人身自由的暂时性控制措施，一旦限制人身自由的必要性消失，就要立即恢复相关人员的人身自由。而行政拘留是处罚，行政拘留在拘留时就明确了限制人身自由的期限，是一种惩戒措施。作为行政处罚的一种，行政拘留具有终局性和惩罚性，根据《治安管理处罚法》的规定，行政拘留最长可达二十日。

（三）如何认识不予行政处罚的情形？

2021年新修订的《行政处罚法》对不予行政处罚的情形和条件进行了细化和增补。我国《行政处罚法》第三十三条第一款规定，"违法行为轻微并及时改正，没有造成危害后果的，不予行政处罚。初次违法且危害后果轻微并及时改正的，可以不予行政处罚"。

这一条文规定了法定不予行政处罚的一般情形和酌定不予行政处罚的特殊情形。行政相对人同时满足"违法行为轻微"、"及时改正"和"没有造成危害后果"三个条件，属于法定不予行政处罚的情形；而行政相对人同时满足"初次违法"、"危害后果轻微"和"及时改正"三个条件，则属于酌定不予行政处罚的情形，亦即行政机关可以参酌相对人改正态度、实际影响等具体情况最终决定是否给予行政相对人处罚。

此外，对于第三十三条第一款还应注意的是，新修订的法律将旧法条文中的"及时纠正"修改为"及时改正"，这体现了立法者对于相对人主动改正错误、及时弥补的主观动机的强调。因此，各级行政机关在执法中也应将行政相对人的改正意愿和行为作为判断标准，对于需要行政执法者多次催告甚至直接纠正的相对人，就不应适用不予处罚的条款。

我国《行政处罚法》第三十三条第二款规定，"当事人有证据足以证明没有主观过错的，不予行政处罚。法律、行政法规另有规定的，从其规定"。

这一新增条款提出了一个不予行政处罚的免责事由，即当事人无主观过错。对于这一条款应关注以下两个要点：第一，一般情形适用过错推定原则，对于案件当事人的违法行为，行政机关可以推定其有主观过错而并不负有证明责任；第二，案件当事人可以举证证明自己没有主观过错，若其举证足以证明其没有主观过错，则在一般情形下行政机关应不予行政处罚，法律有特殊规定的除外。

（四）如何处理违反突发事件应对措施的行为？

2021年新修订的《行政处罚法》第四十九条规定："发生重大传染病疫情等突发事件，为了控制、减轻和消除突发事件引起的社会危害，行政机关对违反突发事件应对措施的行为，依法快速、从重处罚。"突发事件是指突然发生，造成或者可能造成严重社会危害，需要采取应急处置措施予以应对的自然灾害、事故灾难、公共卫生事件和社会安全事件。为应对突发事件，国家和政府往往会采取一些应急处置措施，而公民、法人和其他组织也有义务参与突发事件应对工作，配合政府提出的合法、合理的要求。

2020年2月5日，习近平在中央全面依法治国委员会第三次会议上发表重要讲话时指出："要完善疫情防控相关立法，加强配套制度建设，完善处罚程序,强化公共安全保障,构建系统完备、科学规范、运行有效的疫情防控法律体系。……要加大对危害疫情防控行为执法司法力度,……依法实施疫情防控及应急处理措施。"[①]

由此可见,突发事件的紧急性对行政处罚提出了与平时状态不同的要求,这种紧急情况不仅要求行政处罚合法合理,更要求其迅速且有威慑力。各级行政机关对于违反突发事件应对措施的行为,应当在保障当事人合法权益的前提下简化处理流程、缩短办案时间以实现高效处理;对于性质恶劣、干扰应急工作、造成危害后果的违法行为,应当结合法律规定加以从重处罚,以达到惩戒警示的效果。

[①] 习近平:《全面提高依法防控依法治理能力 健全国家公共卫生应急管理体系》,载《求是》2020年第5期。

行政强制法

第五讲
CHAPTER 5

CHAPTER 5

第五讲 行政强制法

行政强制法旨在规范行政强制的设定和实施,保障和监督行政机关依法履行职责,维护公共利益和社会秩序,保护公民、法人和其他组织的合法权益。该法共7章71条,包括总则、行政强制的种类和设定、行政强制措施实施程序、行政机关强制执行程序、申请人民法院强制执行、法律责任、附则。行政强制法的设定和实施是我国人权保障和法治建设的一件大事,也是推进我国法治国家和法治政府建设进程的重要举措。

- 法律概述
  - 立法过程
  - 重要意义

- 法律知识要点
  - 行政强制的界定
  - 行政强制的原则
    - 行政强制法定原则
    - 行政强制适当原则
    - 教育与强制相结合原则
    - 行政强制禁止谋利原则
    - 权利救济原则
  - 行政强制的设定
    - 行政强制措施设定
    - 行政强制执行设定
    - 事前听证制度与事后评估制度
  - 行政强制的程序
    - 行政强制的实施主体
    - 行政强制措施实施程序
    - 行政机关强制执行程序
  - 行政强制执行的体制
  - 行政强制的法律责任

- 常见法律问题
  - 行政强制措施有哪些种类?
  - 行政强制执行有哪些种类?
  - 法律、行政法规和地方性法规设定行政强制措施的权限有何区别?
  - 人民法院对申请强制执行的行政决定是进行实质审查,还是形式审查?

一　法律概述

（一）立法过程

行政强制法立法历时10余年，经了四次审议终获通过。1999年3月，依据第九届全国人大常委会立法规划，全国人大常委会法工委就开始了行政强制法的起草工作。在多次调研并广泛征求国务院有关部门、地方人大和一些全国人大代表、专家意见的基础上，于2002年4月形成《行政强制法（征求意见稿）》。在2005年，在此基础上形成了《行政强制法（草案）》，并于同年12月提请第十届全国人大常委会第十九次会议进行初次审议。初次审议后，全国人大法律委、法工委再次征求有关方面意见，并召开部分地方人大和政府法制部门参加的研讨会听取意见，对草案进行研究修改。2007年10月，提请第十届全国人大常委会第三十次会议再次审议了该草案。之后，根据十届常委会立法规划和立法工作计划，法律委、法工委在前两次审议的基础上，认真研究了常委会组成人员和各方面的意见，并于2009年6月在京召开座谈会，征求国务院有关部门、部分地方人大和地方政府法制办、专家学者的意见，对草案作了进一步修改。法律委于2009年8月召开会议，根据常委会组成人员的审议意见和各方面的意见，对草案进行了逐条审议。2009年8月，第十一届全国人大常委会第三次审议了该草案。会后，法工委又认真研究各方面意见，进行了相应的修改和完善。2011年4月，第十一届全国人大常委会第四次审议了该草案。2011年6

月30日，第十一届全国人大常委会第二十一次会议通过了行政强制法。至此，该法的制定工作历经10余年的酝酿、调研、起草、审议和修改，终于破茧而出。

在立法过程中，曾经产生过诸多争议，主要包括：该法的价值取向如何定位、适用范围如何界定、基本原则如何确定，行政强制的设定权如何配置、种类如何划分，行政强制程序如何设置、行政强制执行体制如何设计，行政强制的法律责任如何规定，等等。为了理性规范行政强制的设定和实施，立法机关多次广泛征求相关部门、社会公众和专家学者的意见与建议，借鉴了行政处罚法、行政许可法等规范政府共同行为的重要行政法律的立法经验，着力聚焦解决行政强制"散""乱""软"等实践问题，统筹兼顾公共利益与公民合法权益，协调处理多种复杂关系，遵循行政强制设定和实施的内在逻辑，努力在保障行政机关依法履行职责与保护行政相对人合法权益之间寻求平衡。

（二）重要意义

行政强制法是中国特色社会主义法律体系中的支架性法律，它的出台具有重大意义。它既有力推动了中国特色社会主义法律体系的形成和健全，又切实回应了行政强制实践的迫切需要，同时顺应了行政强制规范化、法治化乃至法典化的一般趋势。

1. 推动中国特色社会主义法律体系的完善

中国特色社会主义法律体系由宪法及宪法相关法、民商法、行政法、经济法、社会法、刑法、诉讼及非诉程序法共7个法律部门所构成。就行政法部门而言，改革开放以来，我国行政立法适应经济社会进步和政府建设需要快速发展，行政法律制度从无到有逐步健全。国务院组织法、地方各级人民代表大会和地方各级人民政府组织法、公务员法等法律法规的先后制定，表明我国行政组织法制度框架已经建立；行政诉讼法、行政复议法、国家赔偿法等法律法规相继出台并不断完善，标志着我国行政救济法制度框架已经形成；行政处罚法、行政许可法、立法法等规范行政机关共同行政行为的综合性法律法规以及大量规范行政机关某一管理领域行政行为的专门性法律法规的颁布实施，昭示着我国行政行为法律制度框架正在形成。但是，毋庸讳言，作为我国行政法部门居于主体和核心地位的行政行为法律制度，由于行政强制法这一重要的综合性法律迟迟未能出台，而直接影响了其健全和完善的速度，并进而对我国整个行政法律体系乃至中国特色社会主义法律体系的形成产生明显影响。正是从这个意义上说，行政强制法作为中国特色社会主义法律体系的支架性法律，其早日出台不仅解决了行政法部门的重要"缺项"和"短板"，而且有助于实现行政法部门与其他法律部门建设的齐头并进，从而推动中国特色社会主义法律体系的成熟和完善。

2. 切实回应了行政强制实践的迫切需要

行政强制是最直接影响公民、法人和其他组织权利义务的行政执法方式，属于典型的损益行政行为。行政强制如果长期得不到法律的严格规范和约束，必然会引发诸多问题，严重影响甚至恶化政府与公民之间的关系。行政强制法的出台，标志着我国行政强制制度的法治化框架得到确立，有助于根治行政强制的"散""乱""软"三大突出问题。所谓"散"，是指在立法之时有关行政强制的规定非常分散，分布在大量的单行法律、法规和规章之中，除了行政诉讼法、国家赔偿法和行政复议法对行政强制的救济作出了统一规定外，几十部单行法律、数百部行政法规和数以千计的地方性法规和规章对行政强制作出了具体规定。所谓"乱"，是指行政强制权的设定和实施比较混乱，法律、行政法规、地方性法规、规章乃至规范性文件皆设定行政强制，享有行政强制实施权的主体涉及几十个行政部门和法律法规授权乃至规范性文件授权的组织，执法主体繁多，职责交叉冲突，规范监督不力，导致行政强制权被滥用。所谓"软"，是指在有些领域中行政机关强制手段不足，效率不高，执法不力，不能依法全面履行职责，难以有力维护公共利益和社会秩序，实现行政管理目标。

3. 符合世界各国行政强制法治化的发展趋势

行政强制权作为一种典型的公权力，其法治化无疑是世界各国法制建设的重要内容。综观西方国家的法治历程，大都将实现行政强制的法治化作为建设法治国家和法治政府的一个重点与难点。

大陆法系非常重视实现行政强制的法治化，通常采用一种统分结合的立法模式。在德国，关于行政强制法治化的努力可以溯及1808年的《关于改善省警察和财政机关的法令》。[①] 该法第四十八条规定政府的执行权按照民事诉讼的强制执行规则行使，表明当时的行政执行法与民事诉讼的执行法紧密关联。二战前，尽管有些州的法律中已经明确规定了行政执行的内容，但在联邦层面仍无关于行政强制的统一的法律。直到1953年，德国制定了行政执行法，改变了在联邦一级无统一法律规范的状况。1961年和1963年，德国又分别制定了直接强制执行法和联邦官员行使公法权力间接强制法。此外，还有些特别法如捐税

---

① 〔德〕汉斯·J.沃尔夫、奥托·巴霍夫、罗尔夫·施托贝尔：《行政法（第二卷）》，高家伟译，商务印书馆2002年版，第292页。

法、社会保险法、劳动保险法、外国人法也规定了强制执行。至此，德国联邦层面关于行政强制的法律制度基本完备。①到20世纪70年代，随着行政强制法治化进程的结束，德国现代法治国家的建构也随即完成。在日本，寻求行政强制法治化的努力肇始于1900年行政执行法的制定。不过，由于该法师承普鲁士的法治，虽然其成为行政强制执行的综合性法律依据，对于有效实现行政目的具有十分重要的作用，但却与尊重人权和法治国家原则相悖。因此，这一法律在1948年被废止，取而代之的是行政代执行法。该法是传统行政强制中代执行的一般法，其他的行政强制执行则取决于个别法律的具体规定。比如，警官职务执行法、性病预防法、麻风病预防法、关于确保学校设施的政令、国税征收法、道路交通法和食品卫生法规定了许多直接强制方法和即时强制措施。②

与大陆法系不同的是，英美法系传统上没有专门而又独立的行政强制法律制度，其行政强制主要属于司法制度的基本内容，行政机关只能采取少量的即时强制措施，从而形成了司法为主导、行政为例外的行政强制制度模式。但与大陆法系国家异曲同工的是，英美法系国家也同样重视行政强制的法治化，它们不断完善司法内部执行程序制度，加强行政机关自力执行的司法审查，逐步提高行政强制执行的法治化水平，并最终在20世纪末完成了这一任务。在美国，联邦层面没有专门的行政强制执行法，行政程序法中也没有设立专门的章节规定行政决定如何执行，而是分别由不同的法律，按照行政决定的内容和

---

① 〔德〕汉斯·J.沃尔夫、奥托·巴霍夫、罗尔夫·施托贝尔：《行政法（第二卷）》，高家伟译，商务印书馆2002年版，第293页。

② 〔日〕盐野宏：《行政法》，杨建顺译，法律出版社1999年版，第168—171页。

性质，规定不同的强制执行措施。此外，美国的各州一般也有各自的行政执行法律制度，构成了对联邦执行制度的补充。美国的行政执行程序有两种：一是通过法院，依司法程序执行，包括民事诉讼程序和刑事诉讼程序；二是行政机关依行政程序自力执行。其中，第一种程序是一种主导性的程序，第二种程序是一种例外性的程序，也必须接受法院的监督。在英国，刑事责任几乎包括了国家对公民设定的一切公法责任形式。而这些责任的设定和执行都属于法院的职权，因此英国也没有专门关于行政强制执行的法律。但是，英国的很多单行法，如《刑事司法和公共秩序法》就规定了扣留、盘查、扣押等许多即时性的强制措施。可见，就英国的行政强制执行而言，它是司法制度的组成部分；就英国的即时强制措施而言，它是行政法治重要内容。总之，虽然英美法系国家传统上对司法权更为信任，对行政权更为防范，但实现行政强制的法治化也是其建构现代法治国家的重点内容。

二 法律知识要点

（一）行政强制的界定

《行政强制法》第二条明确规定："本法所称行政强制，包括行政强制措施和行政强制执行。"该法的这一规定，既是对行政强制理论中"二行为说"与"三行为说"的取舍，也是对行政强制实践中"行政强制措施"与"行政强制执行"的区分。

《行政强制法》第二条第二款和第三款分别对"行政强制措施"和"行政强制执行"作了明确界定:"行政强制措施,是指行政机关在行政管理过程中,为制止违法行为、防止证据损毁、避免危害发生、控制危险扩大等情形,依法对公民的人身自由实施暂时性限制,或者对公民、法人或者其他组织的财产实施暂时性控制的行为。""行政强制执行,是指行政机关或者行政机关申请人民法院,对不履行行政决定的公民、法人或者其他组织,依法强制履行义务的行为。"这一规定也是吸收了法学界多年来的理论研究成果作出的。

该法关于"行政强制措施"的界定基本上等同于行政法学上所指称的"即时强制"。区分行政强制措施与行政强制执行这两类行为的标准在于"是否有确定义务的行政决定的先行存在"和"是否有待履行的义务先行存在"。也就是说,实施行政强制措施的前提条件是"情况紧急",不需要有待履行义务和行政决定先行存在,行政强制措施本身是"第一次行为";而实施行政强制执行的前提条件是"行政决定",它是在先前作出的具体行政行为确定的义务未得到实施情况下实施的行为,是先前作出的具体行政行为的后续行为。因而,我们可以将其理解为"第二次行为"。这种差异性是该法区分这两类行为的内在标准。

(二)行政强制的原则

法律原则无疑是一部法律的重要组成部分。在法治国家,行政机关的执法活动不仅要遵循法律规则的控制,还要接受法律原则的制约。行政强制的原则属于贯穿行政强制权的设定和实施过程始终的基本法治理念,是行政强制法的精髓。我国《行政强制法》在"总则"中的第四条、第五条、第六条、第七条和第八条依次规定了行政强制法定原则、行政强制适当原则、教育与强制相结合原则、行政强制禁止谋利原则和权利救济原则五个基本原则，它们对行政强制的法律规则具有统领作用。

1. 行政强制法定原则

根据依法行政的要求，行政机关实施行政强制必须做到职权法定，"无法律则无强制"。行政强制权是一种对公民、法人权益产生深刻影响的公权力，它不能来自一般授权，必须来自法律法规的特别授权，严禁行政强制主体自我授权。行政强制法定原则主要包括两个方面的要求：一是法律优位，即行政法规、地方性法规和规章都不得与法律相抵触，所有行政强制行为都要与法律规定相一致；二是法律保留，即有些强制措施必须由法律作出规定，法律之外的行政法规和地方性法规不得作出规定。域外行政强制的法律制度一般都规定了依法强制原则。日本《行政代执行法》第一条规定："除特别的强制执行方法由法律特别规定以外，行政上的强制执行，一律依据本法规定实施。"我国行政强制法比较全面地体现了行政强制法定原则要求，这主要体现在以下三个方面。一是该法第四条规定："行政强制的设定和实施，应当依照法定的权限、范围、条件和程序。"这是行政强制法定原则要求的集中体现。二是该法第十一条规定："法律对行政强制措施的对象、条件、种类作了规定的，行政法规、地方性法规不得作出扩大规定。法律中未设定行政强制措施的，行政法规、地方性法规不得设定行政强制措施。"这一规定是法律优位原则的具体体现。三是该法第十条规定："行政强制措施由法律设定。尚未制定法律，且属于国务院行政管理职权事项的，行政法规可以设定除本法第九条第一项、第四项以外的行政强制措施。"这一规定是法律保留原则的具体体现。

2. 行政强制适当原则

该原则要求对行政机关设定行政强制权必须为了维护公共利益所必需，对公民设定行政强制义务应当适当，不能超出需要的限度。从理论源头来看，这一原则来源于英美法系的"适当性原则"，主要衡量某一公权力行使本身是否符合正当的法律目的，是否具有实质正义，是英美法系行政执法中普遍适用的原则。在大陆法系，内涵相似的原则是"比例原则"。该原则是为行政机关行使裁量权设置一种内在标准，它要求行政机关在行使自由裁量权时，所选择的行为方式和手段必须与法律所要实现的目的相一致、合乎比例。世界各个国家和地区的行政强制法普遍规定了适当性原则或比例原则。例如，德国《联邦行政强制执行法》第九条非常明确地规定了比例原则。我国台湾地区"行政执行法"第三条也明文规定了行政强制的比例原则，并且通过"行政执法法"施行细则将其要求予以具体化。[①]我国《行政强制法》明确规定了行政强制适当原则。该法第五条规定："行政强制的设定和实施，应当适当。采用非强制手段可以达到行政管理目的的，不得设定和实施行政强制。"从法条的行文逻辑来看，这一条文先提出了"适当"的原则，继而从反面来具体设定"适当"的要求以非采取强制手段不能达到行政管理目的为限。因此，该条规定至少包括了两个层面的考量：一是手段和手段的考量，它要求采取非强制手段不可以实现行政目的；二是目的和手段的考量，它要求采取强制手段可以实现行政目的。可见，这一规定与大陆法系比例原则的要求并不完全等同，而与英美法

---

① 台湾地区关于行政执行施行方面的细则规定："行政执行时，应依下列原则为之：(1) 采取之执行方法必须有助于执行目的之达成。(2) 有多种同样能达成目的之执行方法时，应选择对义务人、应受执行人及公众损害最少之方法为之。(3) 采取之执行方法所造成之损害不得与达成执行目的之利益显失均衡。"

系"适当性"原则内涵更为接近。另外，行政强制法其他一些条文也体现了适当原则的要求。例如，该法第二十三条规定"不得查封、扣押与违法行为无关的场所、设施或者财物"；第四十三条第二款规定"加处罚款或者滞纳金的数额不得超出金钱给付义务的数额"。

3. 教育与强制相结合原则

该原则是教育与惩处相结合原则在行政强制制度中的具体体现。我国《行政处罚法》第六条、《治安管理处罚法》第五条、《行政监察法》第五条等都规定了教育与惩处相结合的原则，这也是我国政府长期以来实行的一项法治原则。所谓教育与强制相结合原则，主要是指行政强制实施过程中应当贯彻并发挥教育的功能，促进相对人更加主动自觉地履行行政法律义务。具体来说，在采取行政强制措施前，应当先告诫当事人，并且通过说服教育，给予当事人依法自觉履行法定义务的机会。只有经说服教育当事人仍不自觉履行法定义务时，才能实行强制执行。亦即行政强制执行应当是在穷尽教育手段仍然不能实现行政目的不得已时而采用的手段。为此，《行政强制法》第六条明确规定："实施行政强制，应当坚持教育与强制相结合。"此外，教育与强制相结合原则在该法的其他条文中也有具体体现。该法第三十五条规定："行政机关作出强制执行决定前，应当事先催告当事人履行义务。"这种"催告"程序，就是教育与强制相结合理念的典型体现。该原则的适用包括两个关键点：一是"教育"包括对被强制对象的特定教育和对社会公众的一般教育，但主要指前者；二是"教育"与"强制"的关系应当是教育先行，强制次之。

4. 行政强制禁止谋利原则

禁止谋利原则是公务廉洁性的基本要求，也是大陆法系中禁止不当联结原则的核心内涵。① 该原则要求行政机关不得以行政强制权的行使来谋求单位或者个人的利益，其法理基础主要有二。一是行政强制权力作为一种公共资源，应当为了实现公共目的而运用，它是一种非生产性的资源。如果行政强制权力可以参与营利活动，则必然使得公权力的享有者和行使者可以进行大量"寻租"活动，导致权力与利益进行交换，造成行政强制权力的廉洁性丧失，政府的公信力严重受损。二是行政机关所设定的行政强制条件必须与其所实施的行政行为具有正当的内在关联，否则即是一种权力滥用和恣意，其主要目的在于防止行政机关利用其优势地位，将其职责作商业化的使用。我国有些地方和部门存在着"执法创收"问题。《行政强制法》第七条规定："行政机关及其工作人员不得利用行政强制权为单位或者个人谋取利益。"这一原则对于防止我国行政强制权与不当利益相联结具有非常强的现实意义。此外，该法第四十九条规定："划拨的存款、汇款以及拍卖和依法处理所得的款项应当上缴国库或者划入财政专户。任何行政机关或者个人不得以任何形式截留、私分或者变相私分。"此类规定也是禁止谋利原则的具体体现。

5. 权利救济原则

"无救济则无权利"，"无真正的救济则无真实的权利"。权利救济原则是一项基本的行政法治原则。尽管各国的救济制度设计不同，但一般都包括行政救济和司法救济。在程序上，不论行政途径还是司法途径，都包括执行中的救济和执行后的救济。对于执行中的救济，英

---

① 禁止不当联结原则理论上主要来源于大陆法系，在德国、日本的行政程序法中都有相关的规定。当然，在英美法系中，虽未明确规定禁止不当联结原则，但其对于作出行政行为不得违反相关性的要求实际上也体现了这一原则的基本精神。

美规定了禁止令和人身保护令制度，前者适用于对财产的强制行为，后者适用于对人身的强制行为。对于执行后的救济，各国一般规定有行政复议、行政诉讼和国家赔偿等途径。在德国，《联邦行政强制执行法》并没有专门规定行政强制的法律救济，但依据《行政法院法》第八十条和第一百七十三条，对于行政强制的侵害一般都可寻求行政复议和行政诉讼的救济。① 在日本，《行政代执行法》对其法律救济也没有专门规定，但依据《行政不服审查法》第二条规定，当事人对于行政强制执行行为不服，可以从行政不服申诉和行政诉讼中选择救济途径。在我国台湾地区，"行政执行法"则专门规定了相应的救济制度。其中第九条规定了"声明异议"的救济制度，第十条则规定了对违法的行政强制请求赔偿的权利。② 我国《行政强制法》第八条规定："公民、法人或者其他组织对行政机关实施行政强制，享有陈述权、申辩权；有权依法申请行政复议或者提起行政诉讼；因行政机关违法实施行政强制受到损害的，有权依法要求赔偿。公民、法人或者其他组织因人民法院在强制执行中有违法行为或者扩大强制执行范围受到损害的，有权依法要求赔偿。"这一条文非常完整地规定了对行政强制的权利救济制度。从救济阶段来看，既包括事前救济，也包括事后救济；从救济体制来看，既包括内部救济，也包括外部救济；从赔偿义务机关来看，既包括行政机关，也包括司法机关。

---

① 参见哈特穆特·毛雷尔《行政法学总论》，高家伟译，法律出版社2000年版，第482—490页。
② 我国台湾地区"行政执行法"第九条第一款规定："义务人或利害关系人对执行命令、执行方法、应遵守之程序或其他侵害利益之情事，得于执行程序终结前，向执行机关声明异议。"第十条规定，行政执行受损害人遭受到了应负赔偿责任的对待，可以依法请求损害赔偿。

（三）行政强制的设定

行政强制的设定，实质上就是行政强制的立法问题，即什么主体可以通过何种法的形式规定行政强制。规范行政强制的设定，是从源头上治理"乱设"行政强制的基本对策，也是防止"滥用"行政强制的根本举措。《行政强制法》的第十条、第十一条、第十三条、第十四条和第十五条从行政强制措施的设定、行政强制执行的设定、行政强制事前听证制度与事后评估制度三个方面规定了行政强制设定权的配置。

1. 行政强制措施设定

《行政强制法》第十条和第十一条特别规定了行政强制措施的设定问题。其中，第十条规定的是行政强制设定权的"法律保留原则"，第十一条则是规定行政强制设定权的"法律优位原则"。

绝对法律保留与一般法律保留。《行政强制法》第十条第一、二、三款规定构成"绝对法律保留"与"一般法律保留"的区分与关联。具体而言，对于本法第九条第一项和第四项所规定的"限制公民人身自由"与"冻结存款、汇款"，只能由全国人大及其常委会制定的法律设定，不能由行政法规和地方性法规设定。这一要求在法学理论上属于"绝对的法律保留"。而第九条规定的第二项、第三项和第五项的行政强制措施可以由行政法规或者地方性法规设定，其法律渊源的层次可以低于全国人大及其常委会制定的法律。这一要求相比较而言更宽松，在法学理论上属于"一般的法律保留"。之所以将"限制公民人身自由"和"冻结存款、汇款"规定为"绝对的法律保留"，主要原因有二。一是"限制公民人身自由"属于《立法法》第九条明确规定只能由法律予以规定的事项，行政法规和地方性法规都不能规定。行政强制法的这一规定与立法法的精神和要求完全一致。二是"冻结存款、汇款"关系到公民、法人的重大财产权利，与公民、法人的基本生产生活资料或生存权直接相关联，依据法理也应当属于绝对法律保留的范围，只能由全国人大及其常委会制定法律来设定。①

行政法规、地方性法规设定行政强制措施的条件。《行政强制法》第十条第二款规定行政法规可以创设行政强制措施的条件是"尚未制定法律，且属于国务院行政管理职权事项的"。之所以这样规定，主要是考虑到我国目前的立法现状和立法体制。从立法和执法实践看，在法律只规定了基本制度或者授权国务院作出具体规定的情况下，行政法规根据法律的精神，结合行政管理实际，规定具体的行政强制措施，既是必要和可行的，实际效果也是好的，同时不违反法制统一的原则。因此，行政强制法赋予了行政法规设定行政强制的权限。至于该法第十条第三款规定地方性法规可以创设行政强制措施的条件是"尚未制定法律、行政法规，且属于地方性事务的"。这一条文与《立法法》第六十四条所规定的地方性法规的立法权限是一致的，同时有利于各地方因地制宜进行治理。

2. 行政强制执行设定

《行政强制法》第十三条第一款规定了行政强制执行的设定："行政强制执行由法律设定。"第二款规定："法律没有规定行政机关强制执行，作出行政决定的行政机关应当申请人民法院强制执行。"立法之

---

① 关于什么样的事务属于法律保留的范围之内，德国联邦法院曾提出"重要性理论"作为判断标准。这一标准分为两个层面的判断：一是这一事务是否涉及公民宪法上的权利？二是这一事务是否涉及数量非常巨大的社会共同体？如果符合这两个条件，则应当属于法律保留的范围。关于"重要性理论"，参见哈特穆特·毛雷尔《行政法学总论》，高家伟译，法律出版社2000年版，第109页。

时，我国行政法规设定行政强制执行的情形比较泛滥。在我国当时有效的行政法规中，已有45件规定了行政强制执行，其中有35件没有明确的"法律"依据，另有2件是因为行政法规立法先于法律，与后出台的法律相抵触但未被及时清理。①因此，为了纠正这种不当设定行政强制执行的情形，进一步规范行政强制执行的设定权，行政强制法排除了行政法规的行政强制执行设定权，明确规定只有法律才能设定行政强制执行。也就是说，该法对行政强制执行的设定贯彻"绝对法律保留"的原则。

3. 事前听证制度与事后评估制度

《行政强制法》第十四条和第十五条分别规定了行使行政强制设定权的两个配套制度，即事前听证制度与事后评估制度，以确保行政强制的设定权被正确行使。其中，该法第十四条规定："起草法律草案、法规草案，拟设定行政强制的，起草单位应当采取听证会、论证会等形式听取意见，并向制定机关说明设定该行政强制的必要性、可能产生的影响以及听取和采纳意见的情况。"这一条文规定了行政强制设定前的听证论证制度，其法理基础在于民主立法的原则，行政强制法的制定即很好地体现了民主立法的精神。同时，该法第十五条规定："行政强制的设定机关应当定期对其设定的行政强制进行评价，并对不适当的行政强制及时予以修改或者废止。""行政强制的实施机关可以对已设定的行政强制的实施情况及存在的必要性适时进行评价，并将意见报告该行政强制的设定机关。""公民、法人或者其他组织可以向行

---

① 1987年制定的《价格管理条例》规定了划拨和抵缴的强制执行方式，与之后制定的价格法相抵触；1988年制定的《企业法人登记管理条例》第三十二条规定了划拨的强制执行方式，与之后制定的全民所有制工业企业法相抵触。

政强制的设定机关和实施机关就行政强制的设定和实施提出意见和建议。"这一条文规定的是行政强制设定后的事后评估制度，其法理基础在于科学立法的原则，要求"立法回头看"。该原则要求，法律、法规施行一段时间后，立法机关应当组织有关部门和单位，采用科学的评估方法，通过对法律、法规实施绩效的分析，对法律、法规的立法质量进行评价，发现存在的缺陷，以便及时启动修改或者废止的立法程序予以矫正。具体来看，行政强制设定后的评估制度包括三个方面：一是设定机关的评估；二是实施机关的评估；三是社会公众（公民、法人和其他组织）的评估。其中，设定机关的评估是整个评估制度的核心。

（四）行政强制的程序

行政强制程序是指行政强制主体实施行政强制的方式、步骤、顺序和期限。行政强制程序应当符合程序正当的要求。我国行政强制法也把行政强制的程序作为"重中之重"，分别在第三章和第四章对"行政强制措施实施程序"和"行政机关强制执行程序"作了十分详细完备的规定。这两章条文数多达37条，占整部法律条文总数的52%左右，其目的就在于为行政强制确立正当和严格的法律程序，以规范和控制行政强制权的行使。因此，我国的行政强制法毫无疑问主要是程序法。

1. 行政强制的实施主体

我国行政强制法规定行政强制实施主体制度主要包括三个方面：一是行政强制实施主体的类型；二是行政强制实施主体的资格；三是相对集中强制权制度。

（1）行政强制实施主体的类型。《行政强制法》第十六条、第十七条、第三十四条和第四十七条共规定了三类行政强制的实施主体。其中，第十六条和第十七条规定了行政强制措施的实施主体有一类："法律、法规规定的行政机关"。①第三十四条和第四十七条规定了行政强制执行的实施主体有两类：一是"作出行政决定"的行政机关是行政强制的实施主体；二是"金融机构"是行政强制执行的"行政协助人"。②显然，我国行政强制法的这些规定基本上沿袭了大陆法系的制度逻辑，但并不完全相同。在大陆法系，行政强制措施的实施主体是具有相应行政职能的主管机关，而对于作为或者不作为义务行政强制执行的实施主体一般为原处分机关。

（2）行政强制实施主体的资格。在我国的法治实践中，存在着一些行政执法主体资格与客观要求不相适应的问题：一是一些文件违法设定行政执法主体资格。甚至一些层级不高、规范性不强的公文（如通知、会议纪要等）也设定行政执法主体资格。二是一些行政执法机构和行政执法人员不适格。行政执法主体被纵向划分为多个层级，权限划分不甚科学明晰，加之不具备执法主体资格的组织被随意授权或委托执法，以及随意委托、聘用不合格人员上岗执法，特别是一些受委托执法人员的素质不高，常常造成对行政相对人合法权益的严重伤害，也相当程度上影响到政府形象。三是一些行政执法人员存在后顾之忧。由于一些地方的行政执法人员与行政相对人的关系经常处于比较紧张

---

① 《行政强制法》第十六条第一款规定："行政机关履行行政管理职责，依照法律、法规的规定，实施行政强制措施。"第十七条第一款规定："行政强制措施由法律、法规规定的行政机关在法定职权范围内实施。行政强制措施权不得委托。"

② 《行政强制法》第三十四条规定："行政机关依法作出行政决定后，当事人在行政机关决定的期限内不履行义务的，具有行政强制执行权的行政机关依照本章规定强制执行。"第四十七条规定："划拨存款、汇款应当由法律规定的行政机关决定，并书面通知金融机构。金融机构接到行政机关依法作出划拨存款、汇款的决定后，应当立即划拨。"

的状态，加之行政执法手段落后和行政执法方式欠佳，在执法过程中执法人员受到的伤害也比较多，受到伤害后的权利保障也不够充分，因而有些行政执法人员在执法时存在后顾之忧，影响其严格规范公正严明执法。有鉴于此，《行政强制法》第十七条规定了行政强制实施主体的资格制度。具体包括三项基本要求：一是行政强制实施主体必须在法定职权内实施行政强制措施。二是行政强制措施权不得委托。与前一项基本要求相对比，我们可以看到，行政强制实施的主体资格可以通过法律、法规授权获得，而不能通过委托来获得。如果可以通过委托来获得行政强制措施权，则意味着不需要依据"法律、法规"，只需要依据"行政决定"，就可以获得一种对公民人身权和重要财产权产生直接影响的权力，这显然有违行政法治的精神，也不符合行政强制法定原则。三是行政强制措施由行政机关中具备资格的行政执法人员实施。也就是说，行政系统中非行政编制的工作人员，非公务员的行政助手都不能作为行政强制措施权的实施主体。

（3）相对集中强制权制度。相对集中行政执法权，就是把原来分别由各类行政机关行使的一部分行政执法权，通过依法重新配置，相对集中于一个或几个行政主体来行使。这一制度是我国为了适应市场经济体制和依法行政的现实需求，从便民原则和效率原则出发，逐步探索出的一项行政执法体制的改革举措。《行政强制法》第十七条第二款也非常明确规定了相对集中强制权制度："依据《中华人民共和国行政处罚法》第十六条规定行使相对集中行政处罚权的行政机关，可以实施法律、法规规定的与行政处罚权有关的行政强制措施。"这就实现了与行政处罚法规定的衔接，使得享有相对集中处罚权的行政机关同时享有相对集中强制权，以保障其行政执法权限的统一和执法行为的高效。

2. 行政强制措施实施程序

《行政强制法》第三章对行政强制措施实施程序的规定比较全面地体现了正当法律程序原则的要求。这一原则主要体现为两个子原则：一是任何人不得做自己的法官；二是作出任何不利处分之前必须听取相对方意见。二者衍生出一系列行政程序制度，如决定主体与执行主体的分离制度、告知制度、说明理由制度和公开制度等。其中，第十八至二十条关于行政强制措施实施程序的一般规定，就明确地规定了这些制度：一是除紧急情况外，实施行政强制措施前须报告行政机关负责人并经批准，这意味着行政强制措施的决定与具体执行的分离。二是由两名以上行政执法人员实施并表明身份，这是公开制度的要求。三是告知当事人及其家属，包括告知理由、依据以及当事人依法享有的救济途径，这是典型的告知制度。四是听取当事人陈述和申辩，这是听取意见制度的核心内容。此外，第三章第一节、第二节和第三节具体规定了行政强制措施实施程序的一般规定、查封、扣押实施程序和冻结实施程序的具体条件、步骤和过程，这些规定突出体现了行政强制法的人文关怀精神，着重强化了对公民、企业合法权益的程序保护和对行政强制行为的程序制约。比如，第二十条第二款规定"实施限制人身自由的行政强制措施不得超过法定期限。实施行政强制措施的目的已经达到或者条件已经消失，应当立即解除"；第二十三条第一款规定"不得查封、扣押公民个人及其所扶养家属的生活必需品"；第二十五条规定"查封、扣押的期限不得超过三十日；情况复杂的，经行政机关负责人批准，可以延长，但是延长期限不得超过三十日""延长查封、扣押的决定应当及时告知当事人，并说明理由""检测、检验、检疫或者技术鉴定的费用由行政机关承担"；第二十六条规定"对查封、扣押的场所、设施或者财物，行政机关应当妥善保管，不得使用或者损毁；造成损失的，应当承担赔偿责任""因查封、扣押发生的保管费用由行政机关承担"；第二十八条第二款规定"解除查封、扣押应当立即退还被扣押财物；已将鲜活物品或者其他不易保管的财物拍卖或者变卖的，退还拍卖或者变卖所得款项。变卖价格明显低于市场价格，给当事人造成损失的，应当给予补偿"；第二十九条规定"冻结存款、汇款应当由法律规定的行政机关实施，不得委托给其他行政机关或者组织；其他任何行政机关或者组织不得冻结存款、汇款。冻结存款、汇款的数额应当与违法行为涉及的金额相当；已被其他国家机关依法冻结的，不得重复冻结"；第三十条第三款规定"法律规定以外的行政机关或者组织要求冻结当事人存款、汇款的，金融机构应当拒绝"。这些程序规定主要是根据行政强制实践中大量发生的突出问题作出的，具有很强的针对性、实践性和可操作性，对规范、制约行政强制权和维护、实现公民、企业合法权益具有重要作用。

3. 行政机关强制执行程序

《行政强制法》第四章关于"行政机关强制执行程序"的规定，也体现了正当法律程序原则的要求，并融合了现代文明执法的基本理念。具体而言，该法关于行政机关强制执行程序的一般规定主要有五个步骤：一是催告；二是听取意见；三是决定；四是实施强制执行；五是执行中止或执行完毕。[①]可以看出，我国的行政强制执行程序借鉴了德国"告诫—决定—执行"的三阶段规定，并在此基础上细化了许多包含现代法治理念和人文关怀的制度。比如，听取意见是正当法律程序

---

① 参见《行政强制法》第三十五至四十一条。

的核心制度,该法以单独一个条文(第三十六条)明确规定为一个必经步骤。第四章其他展现人文关怀的规定主要有两点。一是推行"协商式"的柔性执法方式。该法第四十二条规定:"实施行政强制执行,行政机关可以在不损害公共利益和他人合法权益的情况下,与当事人达成执行协议。"这是一项重大的制度创新。事实上,在执行中行政机关与当事人达成协议,既保证了行政决定的执行,又减少了社会冲突,符合构建社会主义和谐社会的要求。二是防止野蛮执法方式。该法第四十三条规定:"行政机关不得在夜间或者法定节假日实施行政强制执行。""行政机关不得对居民生活采取停止供水、供电、供热、供燃气等方式迫使当事人履行行政决定。"[1]这一规定有效防范了野蛮执法对老百姓生活的影响和心灵的伤害。

(五)行政强制执行的体制

行政强制执行的体制,关乎一国行政强制执行权的本质归属及如何分配所构成的制度模式,与各国的历史文化传统以及政治、经济、

---

[1] 在行政法学理论上,"停止供水、供电、供热、供燃气等方式"一般被称为"拒绝给付",属于直接强制方式,各个国家和地区行政强制法定化过程中对此都非常慎重地对待。在日本,成文的行政强制法中并没有对此作出规定,仅在有些判例及协定中予以规定。在我国台湾地区,"行政执行法"第二十八条规定可以采取"断绝营业所必需之自来水、电力或其他能源"的直接强制措施。尽管该条适用对象仅为营业场所,仍然引发了岛内学界的热烈讨论。有的学者从"生存照顾义务"角度来反对这一规定,而赞成的学者则主张可以"比例原则"控制这些直接强制措施,因而可以容忍这一规定。其实,《行政强制法》第四十三条与台湾地区的相关规定精神理念基本一致,只不过是立法技术上存在差异。台湾地区的相关规定是正面授权对营业场所可以适用此类直接强制,而《行政强制法》则是反面排除对居民生活领域不得适用此类直接强制。台湾地区关于这一问题的探讨可参见董保城、朱敏贤《行政强制执行一般原理原则——兼论引进"代宣誓具结"及"义务人名簿"之考虑》,载杨解君、董保城主编《海峡两岸行政(强制)执行理论与实务对话——2006年海峡两岸行政(强制)执行理论与实务研讨会文集及实录》,中国方正出版社2006年版,第36页。

社会状况密切相关。《行政强制法》第三十四条规定:"行政机关依法作出行政决定后,当事人在行政机关决定的期限内不履行义务的,具有行政强制执行权的行政机关依照本章规定强制执行。"与此同时,《行政强制法》第五十三条又规定:"当事人在法定期限内不申请行政复议或者提起行政诉讼,又不履行行政决定的,没有行政强制执行权的行政机关可以自期限届满之日起三个月内,依照本章规定申请人民法院强制执行。"这表明,行政强制法确立了一种"司法执行为主导的双轨制"模式。

首先,我国行政强制法所采取的执行模式,是对历史形成的行政强制执行体制的"双轨制"的一种确认。所谓"双轨制",是指在法律赋予行政机关强制执行权的情况下,具体行政行为所确定义务的强制执行由行政机关自行实施;在法律、行政法规没有赋予行政机关强制执行权的情况下,具体行政行为所确定义务的强制执行,由行政机关申请人民法院强制执行。[①]行政强制执行如果统一由行政机关实施,则可能会造成更加严重的侵犯公民、法人权益和滥用行政强制权的问题;行政强制执行如果统一由人民法院实施,则可能既严重损害法院的中立和公正形象,影响司法权威,也损害行政效率,造成一些案件

---

① 我国的"双轨制"形成于20世纪80年代。1989年颁布的《行政诉讼法》第六十六条就曾明确规定:"公民、法人或者其他组织对具体行政行为在法定期限内不提起诉讼又不履行的,行政机关可以申请人民法院强制执行,或者依法强制执行。"这一规定是对"双轨制"体制的最初立法确认。这一条文既认可了原来的法律、行政法规赋予的行政机关的自行强制执行权,也认可了赋予法院的强制执行权。2000年最高院制定的《行政诉讼法解释》第八十七条规定:"法律、法规没有赋予行政机关强制执行权,行政机关申请人民法院强制执行的,人民法院应当依法受理。法律、法规规定既可以有行政机关依法强制执行,也可以申请人民法院强制执行,行政机关申请人民法院强制执行的,人民法院可以依法受理。"这是对这一强制执行体制的具体阐释。而《行政强制法》第五十三条的规定,基本上是对这一体制的再次立法确认。

执行久拖不决。

其次，相较于我国之前的"双轨制"执行模式，行政强制法的规定凸显了"司法执行"在"双轨制"中的主导地位。一方面，行政强制法排除了行政法规的行政强制执行的设定权，只有极其少量的法律赋予了少数行政机关行政强制执行权，从而减少了行政机关自力强制执行的情形，增加了行政机关申请法院强制执行的情形。另一方面，行政强制法强化了人民法院在行政强制执行中的主导性地位，凸显司法执行的最终权威性。比如，《行政强制法》第五十六条第一款规定："人民法院接到行政机关强制执行的申请，应当在五日内受理。"第五十九条规定："因情况紧急，为保障公共安全，行政机关可以申请人民法院立即执行。经人民法院院长批准，人民法院应当自作出执行裁定之日起五日内执行。"

相对而言，"司法执行为主导的双轨制"比较符合我国现实需要，其优点主要有四点。一是这一模式比较符合我国现行宪政体制，可以平衡行政机关与司法机关的关系，缓解二者之间的张力，既保护了行政机关的主动性和能动性，又发挥了法院服务大局的作用，有利于在整个法治建设中形成合力。二是这一模式可以强化法院对于行政权的监督力度，防止行政机关滥用行政强制执行权，促进其依法行政。三是这一模式有利于充分保障行政相对人的合法权益，特别是在相对人因种种原因放弃行政复议和行政诉讼权利时，不致因行政机关自行强制执行一个可能违法的行政决定而受到侵害。四是这一模式在一定程度上体现"司法终裁"的原则，并有利于提高行政机关与普通民众的法治观念和意识。

（六）行政强制的法律责任

责任是法治的生命，没有责任的法律是"纸老虎"，"违法不究"必然导致"有法不依"。在西方国家行政强制法律制度中，行政机关违法实施行政强制的法律责任主要表现为须接受司法机关的合法性审查，并进行国家赔偿，从而主要体现为一种外部责任机制，与公民、法人的救济请求权相统一。我国《行政强制法》第六章的8个条文专门规定了法律责任，主要是来自行政机关系统的一种层级性的责任和纠错机制，和公民的救济请求权并不完全统一。这也是我国行政行为立法的一个特色。因为对于行政处罚、行政许可和行政强制等具体行政行为的复议申请权、诉讼请求权和赔偿请求权，在我国的行政救济法律中已经明确规定。

总体来看，行政强制的法律责任机制设计遵循了节制性原则、明确性原则、责任相称原则和协调性原则，充分考虑了各项法律责任的合法、恰当和有效，规定得比较科学合理。这一机制包括责任主体、责任形式和责任条件等几个方面的内容。其中，责任主体包括三类：一是行政机关及其工作人员；二是人民法院及其工作人员；三是金融机构及其工作人员。承担责任的形式包括五类：一是责令改正；二是处分；三是赔偿或补偿；四是处罚（罚款、拘留）；五是刑事责任。承担责任的条件一般是违法或者不当实施行政强制的行为。

具体来看，与行政处罚法、行政许可法比较，行政强制法的相关规定既有类似之处，也有明显差异，这主要体现在三个方面。第一，从责任主体来看，行政强制的责任主体比行政处罚和行政许可的责任主体更为广泛。在行政处罚和行政许可中，法律责任的主体不包括法院及其工作人员，也很少包括金融机构及其工作人员。究其原因，在于法院不可能成为行政处罚和行政许可的实施主体，而金融机构只有在法律、法规授权的有限范围内才可能拥有有限的处罚权和许可权。第二，从责任形式来看，行政强制的责任形式规定更加明确具体，法律规范的可操作性更强。该法第六十三条明确规定"记大过"、"降级"、"撤职"和"开除"四种处分形式；第六十六条则更加精确，规定了"金融机构将款项划入国库或者财政专户以外的其他账户的由金融监督管理机构责令改正，并处以违法划拨款项二倍的罚款"这一处罚形式。第三，从责任的严厉程度来看，行政强制法对相同的违法情形实施行政强制的法律责任要比行政许可法和行政处罚法更加明确和严厉。

三 常见法律问题

（一）行政强制措施有哪些种类？

《行政强制法》第九条规定了五种具体的行政强制措施：（1）限制公民人身自由；（2）查封场所、设施或者财物；（3）扣押财物；（4）冻结存款、汇款；（5）其他行政强制措施。依据行政法理论，行政强制措施可以分为对人身的强制，对住宅、事务所等实施的强制和对财产的强制三类。域外的行政强制法律制度也一般是从这三大类的区分出发来规定具体的行政强制措施种类。如我国台湾地区的"行政执行法"第三十六条就依次规定了"对人之管束"、"对物之扣留使用处置或限制其使用"、"对家宅建筑物或其他处所之进入"和"其他依法定职权所为之必要处置"的种类，基本上遵循的是这一法理分类。[①] 显然，我国《行政强制法》第九条也基本遵循了这一学理分类，借鉴了域外经验。其中，该条规定的第一项属于对人身的强制，如《海关法》第四条规定的"强制扣留"和"强制搜查"；第二项属于对场所、事务所的强制，如《突发事件应对法》第四十九条规定的"封锁危险场所"；第三项和第四项属于对财产的强制，如《道路交通安全法》第九十五条规定的"扣留机动车"和《禁止传销条例》第十四条规定的"冻结违法资金"；第五项与台湾地区"行政执行法"所规定的"其他依法定职权所为之必要处置"具有同样的功能，是一个兜底的概括性规定，以适应行政管理的实际需要，但必须是"依法定职权"而且"必要"时方可选择。

（二）行政强制执行有哪些种类？

《行政强制法》第十二条规定了六种具体的行政强制执行的方式：（1）加处罚款或者滞纳金；（2）划拨存款、汇款；（3）拍卖或者依法处理查封、扣押的场所、设施或者财物；（4）排除妨碍、恢复原状；（5）代履行；（6）其他强制执行方式。这一规定也借鉴了域外立法经验。在大陆法系国家的行政强制法律制度中，行政强制执行方式一般区分为"金钱给付义务"的执行方式和"作为、不作为义务"的执行方式两大类。对于"金钱给付义务"因执行标的区分为动产和不动产而采取不同的执行方式；对于"作为、不作为义务"区分为直接强制

---

① 参见翁岳生编《行政法》下册，中国法制出版社2002年版，第1221页。

执行和间接强制执行，而间接强制执行一般规定有"代履行"和"执行罚"两种方式。①

其中，第一项、第五项规定的是对"作为、不作为义务"的间接执行方式，包括执行罚和代履行。所谓执行罚，是指行政强制机关对拒不履行不作为义务或者不可由他人代履行的作为义务的义务主体，课以新的金钱给付义务，迫使其履行的强制执行方式。执行罚的目的在于促使义务人履行义务，而不是制裁其违法行为；一旦义务主体履行了义务，就不应再实施执行罚。所谓代履行，是指行政强制机关或者第三人代替履行法律直接规定的或者行政行为所确定的相对人的作为义务，并向义务人征收必要费用的强制执行方式。如代为强制拆除违法建筑物、代出义务工都是典型的代履行。而第二项、第三项规定的则是对"金钱给付义务"的直接执行方式，包括对动产的执行方式（主要为"划拨"）和对不动产的执行方式（主要为"拍卖或依法处理"）。当然，从法理上来看，对第五项规定的"其他强制执行方式"可能有比较宽泛的理解。它既可以包括对于"金钱给付义务"的间接强制执行方式，也可以包括对于"作为、不作为义务"的直接强制执行方式。但是，根据我国目前的立法状况和法治实践，我们一般应将其理解为对"作为、不作为义务"的直接强制执行方式比较妥当。

（三）法律、行政法规和地方性法规设定行政强制措施的权限有何区别？

该法第十条第一款规定："行政强制措施由法律设定。"第二款规

---

① 参见翁岳生编《行政法》下册，中国法制出版社2002年版，第1130—1137页。

定:"尚未制定法律,且属于国务院行政管理职权事项的,行政法规可以设定除本法第九条第一项、第四项以外的行政强制措施。"第三款规定:"尚未制定法律、行政法规,且属于地方性事务的,地方性法规可以设定本法第九条第二项、第三项的行政强制措施。"由此可见,第十条总体上赋予了"法律"、"行政法规"和"地方性法规"三种法的形式以行政强制措施设定权。但是,三种法的形式享有的行政强制措施设定权存在明显差异。其中"法律"可以创设该法第九条规定的所有种类的行政强制措施;"行政法规"可以创设本法第九条规定的第二项(查封)、第三项(扣押)和第六项(其他行政强制措施)三种行政强制措施;"地方性法规"则可以创设本法第九条规定的第二项(查封)、第三项(扣押)两种行政强制措施。不难看出,法律享有的行政强制措施设定权最广,行政法规次之,地方性法规最窄,规章和其他规范性文件无权设定行政强制措施。一方面,在法律之外赋予行政法规和地方性法规以特定的行政强制设定权,这是从我国行政强制法制实践出发慎重作出的规定,既可以保证法制统一和保护行政相对人的合法权益,又可以适应行政机关对行政强制的现实需要。另一方面,没有赋予规章以及其他规范性文件以行政强制设定权,虽然在短时期内可能会给相关行政管理带来某些不便,但有利于从根本上治理行政强制的"乱"和"滥"的问题。

(四)人民法院对申请强制执行的行政决定是进行实质审查,还是形式审查?

在申请人民法院强制执行中,涉及一个重要的法理争论,即人民法院对申请强制执行的行政决定，是进行实质审查还是形式审查。①综合各方面情况来看，法院主要奉行形式审查似更为妥当。一是行政机关申请人民法院强制执行的前提是当事人在法定期限内不申请行政复议或者提起行政诉讼又不履行行政决定，在这种情况下，当事人的行为已经表明其认可行政决定或者自动放弃救济权利，依据不告不理和居中裁决的司法原则，法院没有必要单方面对行政决定进行实质审查。二是法院进行实质审查容易造成行政决定较长时间得不到执行，不仅有违建立行政强制执行制度实现行政管理目的、维护正常行政管理秩序的立法宗旨，而且使行政法律关系长期处于不确定状态。三是法院进行实质审查不利于促进公民、法人和其他组织法律意识的提高，增强其按照法律规定的救济方式维护自身权益的积极性和主动性。据此《行政强制法》第五十七条规定了形式审查为一般原则，第五十八条则规定了实质审查为例外情形。其中，第五十七条规定："人民法院对行政机关强制执行的申请进行书面审查，对符合本法第五十五条规定，且行政决定具备法定执行效力的，除本法第五十八条规定的情形外，人民法院应当自受理之日起七日内作出执行裁定。"可见，只要符合第五十五条规定的形式标准，即行政机关提供了五个方面的材料："（一）强制执行申请书；（二）行政决定书及作出决定的事实、理由和依据；（三）当事人的意见及行政机关催告情况；（四）申请强制执行标的情况；（五）法律、行政法规规定的其他材料。"法院就应当作出

---

① 在立法过程中，有的学者从逻辑上论证应当进行实质审查。因为，如果法院只是进行形式审查，将使得法院不但无法对行政机关进行有效监督，而且成为附属于行政机关的执行机关，甚至还不如行政机关自我执行便捷。当然，也有相反的观点认为，赋予人民法院实质审查的权力于理不符，也不利于提高行政行为的公信力和执行力。

执行裁定，行使的是一种形式审查权。而第五十八条规定："人民法院发现有下列情形之一的，在作出裁定前可以听取被执行人和行政机关的意见：（一）明显缺乏事实根据的；（二）明显缺乏法律、法规依据的；（三）其他明显违法并损害被执行人合法权益的。"其中，关于"明显缺乏事实根据""明显缺乏法律、法规依据"涉及行政机关的事实判断与法律适用是否正确的评判，司法权已经深入行政权行使过程，显然是一种"实质审查"。

行政复议法

第六讲 CHAPTER 6

CHAPTER 6

第六讲　行政复议法

"行政复议是政府系统自我纠错的监督制度和解决'民告官'行政争议的救济制度,是推进法治政府建设的重要抓手,也是维护公民、法人和其他组织合法权益的重要渠道。"[①] 2023年,行政复议法经过全面修订,我国行政复议制度得到重大改革。未来,社会各界将会越来越重视行政复议在监督行政机关依法行政和化解行政争议方面的作用,行政复议制度的重要性会越来越突出。因此,各级干部应当了解和掌握行政复议法的基本概念、基本原理、基本制度和基本规则,全面提升依法行政的能力和水平。

---

① 唐一军:《关于〈中华人民共和国行政复议法(修订草案)〉的说明》,载《中华人民共和国全国人民代表大会常务委员会公报》2023年第6期。

```
法律概述 ─┬─ 概念和特征
         ├─ 立法变迁
         └─ 全面修订

法律知识要点 ─┬─ 受案范围
             ├─ 复议机关
             ├─ 被申请人
             ├─ 申请程序
             ├─ 受理程序
             ├─ 审理原则
             ├─ 听证制度
             ├─ 委员会制度
             ├─ 证据规则
             ├─ 普通程序
             ├─ 简易程序
             └─ 决定

常见法律问题 ─┬─ 能否把民法典等其他部门法当成行政复议审理的依据？
             ├─ 如何在行政复议中适用调解？
             └─ 如何在行政复议中实现和解？
```

一 法律概述

我国规范行政复议制度的主要是行政复议法。现行行政复议法于1999年由第九届全国人大常委会第九次会议通过并施行，后历经2009年和2017年小幅修订。2023年，第十三届全国人大常委会对行政复议法进行了全方位的修订，标志着我国行政复议制度的发展进入了一个新阶段。

（一）概念和特征

所谓行政复议，是指公民、法人或者其他组织认为行政主体的行政行为侵犯其合法权益，依法向行政复议机关提出行政复议申请，行政复议机关依法进行审理并作出决定的法律制度。

行政复议作为一项行政法律制度，具有以下六个特征：

第一，行政性。行政复议是行政权的行使，是行政机关运用行政权建立的行政监督制度，行政复议机关也是行政机关的一部分，这是理解行政复议的首要要点。尽管行政复议在改革的过程中不断吸取司法机关的工作经验，进而逐渐呈现"准司法化"，但行政复议终究属于行政制度而非司法制度。

第二，自我纠错性。行政复议是基于行政权的行政机关自我纠错机制，是上级行政机关对下级行政机关行政监督。正是因为行政复议属于行政机关的自我纠错机制，行政复议应当更迅速、更灵活、更果断、更主动。理解行政复议作为行政机关自我纠错机制的性质，是理解行政复议制度的关键。

第三，高效性。因为行政复议是行政机关上级对下级的自我纠错机制，因此更要贯彻"有错必究""有错快纠"原则，更要强调纠错的效率。比如，适用普通程序审理的行政复议期限一般为六十天，而适用普通程序审理的行政诉讼一审的期限一般为六个月，这些制度设计凸显了行政复议对效率的追求。

第四，非终局性。除了法律规定的行政复议决定为最终决定外，大部分行政复议决定都不是终局性的。公民、法人或其他组织对行政复议机关复议决定不服，有权提起行政诉讼，推翻行政复议决定。行政复议的非终局性是现代法治国家司法审查终局性决定的。在现代法治社会，司法是社会公正的最后一道防线。因此，行政复议机关的活动本身也要经受司法审查。

第五，自愿性。除了法律规定的复议前置情形外，公民、法人或其他组织认为行政主体的行政行为侵犯其合法权益时，有权选择"先提起行政复议再提起行政诉讼"或者"直接向人民法院提起行政诉讼"方式维权，全凭自愿。因此，通过行政复议方式维权在大多数情形下属于当事人的自愿选择。在这种情况下，行政机关应当不断提升行政复议的公信力和便民性，努力争取越来越多的行政相对人将行政复议作为权利救济和纠纷解决的主渠道。

第六，准司法性。尽管行政复议是行政机关的自我纠错程序，行政复议制度不是司法制度，但由于行政复议也是纠纷解决机制，也要不断提高公信力。而在当前各类纠纷解决机制中，司法审判制度相对比较科学、规范、透明、公正。因此，行政复议制度也在不断吸收司法审判制度的长处，也在努力向司法审判制度学习，呈现出明显的准司法性。

（二）2023年全面修订前立法变迁

在1999年制定行政复议法之前，我国已经有了行政复议制度。1990年国务院制定了行政复议条例，对行政复议制度的基本原则、基本制度和基本规则进行了较为系统的规定，是我国行政复议制度法治化的起点。

1999年，为了进一步完善我国行政复议制度，提升行政复议工作的法治化、规范化和科学化水平，第九届全国人大常委会制定了行政复议法。根据时任国务院法制办公室主任杨景宇同志的介绍，1999年制定行政复议法时，行政复议工作存在以下问题："申请复议的条条框框较多，公民、法人和其他组织申请复议不方便；有的行政机关怕当被告或者怕麻烦，对复议申请应当受理而不受理；有的行政机关'官官相护'，对违法的具体行政行为该撤销的不撤销，对不当的具体行政行为该变更的不变更。"[①] 基于此，第九届全国人大常委会制定了行政复议法。和1990年国务院制定的行政复议条例相比，复议申请期限从一般十五日延长到一般六十日；老百姓如果不知道向哪一个行政机关申请复议，则可以直接向具体行政行为发生地的县级地方人民政府提出复议申请，由该县级地方人民政府负责转送；行政机关无正当理由不受理复议申请的，上级行政机关应当责令其受理……这些规定提升了人民群众通过行政复议制度维护自身合法权益的便利性，对行政复议制度进行了系统化全面化的法治规范，是1999年行政复议条例颁布后

---

① 杨景宇：《关于〈中华人民共和国行政复议法（草案）〉的说明》，载《中华人民共和国全国人民代表大会常务委员会公报》2003年第5期。

我国行政复议制度法治化的第一个重要里程碑。

2009年，第十一届全国人大常委会第十次会议通过《全国人民代表大会常务委员会关于修改部分法律的决定》，将行政复议法中"征用"改为"征收"。这次修订主要是根据当时宪法相关修订进行的小幅修订。

2017年，第十二届全国人大常委会对行政复议法进行第二次小幅修订，在原《行政复议法》第三条中增加一款，作为第二款，即"行政机关中初次从事行政复议的人员，应当通过国家统一法律职业资格考试取得法律职业资格"。本次修订是贯彻中央全面深化改革领导小组第十三次会议审议通过的《关于完善国家统一法律职业资格制度的意见》而进行的小幅修订，进一步提升了行政复议人员的专业化要求。

2023年对行政复议法实施全面修订前，2017年行政诉讼法的修订，对我国行政复议制度影响较大。之前行政诉讼法规定："经复议的案件，复议机关决定维持原具体行政行为的，作出原具体行政行为的行政机关是被告；复议机关改变原行政行为的，复议机关是被告。"因此，很多复议机关为了避免成为行政诉讼被告，尽量作出维持行政行为的复议决定，使得行政复议在监督行政机关依法行政、有效化解行政争议等方面的作用趋弱。为此，2017年行政诉讼法修订，规定"经复议的案件，复议机关决定维持原行政行为的，作出原行政行为的行政机关和复议机关是共同被告"，确立了行政复议"双被告"制度。

（三）2023年全面修订的主要内容

2023年，第十三届全国人大常委会对行政复议法进行全面修订。这次修订的背景是，行政复议制度实施二十多年来，一方面在监督行政机关依法行政、化解行政争议、维护群众合法权益方面发挥了巨大作用，另一方面也面临诸多问题。问题集中表现在以下方面："一是吸纳行政争议的入口偏窄，部分行政争议无法进入行政复议渠道有效解决。二是案件管辖体制过于分散，群众难以找准行政复议机关，不利于将行政争议化解在基层和萌芽状态。三是案件审理机制不够健全，审理标准不统一，影响办案质量和效率。"[①]为解决上述问题，中央全面依法治国委员会印发《行政复议体制改革方案》。根据这份方案，2023年对行政复议法进行全面修订。

2023年行政复议法全面修订的主要内容有以下几个方面：

一是改革行政复议审理体制，明确规定行政复议职责主要由县级以上人民政府统一行使，在多数情形下取消了地方人民政府工作部门的行政复议职责，同时完善行政复议机关及行政复议机构的规定，强化行政复议机关领导行政复议工作的法定责任，明确国家建立专业化、职业化行政复议人员队伍，增强了行政复议机关的专业性、相对独立性和权威性。

二是改变了行政复议的审理方式，从"行政复议原则上采取书面审查的办法"改为通过灵活方式听取群众意见，对重大、疑难、复杂案件建立听证和行政复议委员会制度，使得行政复议审理方式吸收了司法审判的工作经验，提升了行政复议审理的专业性。

三是扩大了行政复议受案范围，将认为行政机关不依法订立、不依法履行、未按照约定履行或者违法变更、解除行政协议的，以及认为行政机关在政府信息公开工作中侵犯其合法权益的等情形列入行政复议受案范围。

[①] 唐一军：《关于〈中华人民共和国行政复议法（修订草案）〉的说明》，载《中华人民共和国全国人民代表大会常务委员会公报》2023年第6期。

四是扩大和明确了行政复议前置范围，明确对依法当场作出的行政处罚决定、行政不作为不服的，应当先申请行政复议。

五是建立行政复议调解机制，明确行政复议机关审理案件可以按照合法、自愿原则进行调解。

六是建立行政复议听证制度，规定"审理重大、疑难、复杂的行政复议案件，行政复议机构应当组织听证"。

七是将行政复议程序区分为普通程序和简易程序，对行政复议简易程序进行了规定，提升简易程序中行政复议效率。

八是完善行政复议决定体系，细化变更、确认违法等决定的适用情形，增加确认无效、责令履行行政协议等决定类型。

以上就是2023年《行政复议法》修改的主要内容，其改革方向就是增强行政复议的权威性、专业性、相对独立性，提升行政复议在监督行政机关依法行政和化解行政纠纷中的能力。

二 法律知识要点

（一）行政复议范围

行政复议范围，是指法律法规明确属于行政复议范围的情形。《行政复议法》第十一条列举了以下14项作为行政复议的范围：（1）对行政机关作出的行政处罚决定不服；（2）对行政机关作出的行政强制措施、行政强制执行决定不服；（3）申请行政许可，行政机关拒绝或者在法定期限内不予答复，或者对行政机关作出的有关行政许可的其他决定不服；（4）对行政机关作出的确认自然资源的所有权或者使用权的决定不服；（5）对行政机关作出的征收征用决定及其补偿决定不服；（6）对行政机关作出的赔偿决定或者不予赔偿决定不服；（7）对行政机关作出的不予受理工伤认定申请的决定或者工伤认定结论不服；（8）认为行政机关侵犯其经营自主权或者农村土地承包经营权、农村土地经营权；（9）认为行政机关滥用行政权力排除或者限制竞争；（10）认为行政机关违法集资、摊派费用或者违法要求履行其他义务；（11）申请行政机关履行保护人身权利、财产权利、受教育权利等合法权益的法定职责，行政机关拒绝履行、未依法履行或者不予答复；（12）申请行政机关依法给付抚恤金、社会保险待遇或者最低生活保障等社会保障，行政机关没有依法给付；（13）认为行政机关不依法订立、不依法履行、未按照约定履行或者违法变更、解除政府特许经营协议、土地房屋征收补偿协议等行政协议；（14）认为行政机关在政府信息公开工作中侵犯其合法权益。这14项，都是明确属于行政复议范围的，是行政复议范围。另外还有一条兜底规定"认为行政机关的其他行政行为侵犯其合法权益"。

此外，《行政复议法》第十二条规定以下4类事项不属于行政复议的范围：

（1）国防、外交等国家行为。具体是指国务院、中央军事委员会、国防部、外交部等根据宪法和法律的授权，以国家的名义实施的有关国防和外交事务的行为，以及经宪法和法律授权的国家机关宣布紧急状态等行为。

（2）行政法规、规章或者行政机关制定、发布的具有普遍约束力的决定、命令等规范性文件。其中"具有普遍约束力的决定、命令"，是指行政机关针对不特定对象发布的能反复适用的规范性文件。

（3）行政机关对行政机关工作人员的奖惩、任免等决定。具体是指行政机关作出的涉及行政机关工作人员公务员权利义务的决定。

（4）行政机关对民事纠纷作出的调解。一般认为调解之后形成的调解协议是相关各方在行政机关主持下自愿达成的协议，不是行政机关行的行政行为，因此不属于行政复议范围。

（二）行政复议的复议机关

行政复议的管辖是指向哪个机关提起行政复议。由于行政复议是行政机关上级对下级机关的纠错，因此行政复议机关一般为涉案行政主体（被申请人）的上级机关。根据2023年最新修订的行政复议法，行政复议机关以县级以上地方各级人民政府为主。具体来说，根据涉案行政主体（被申请人）情况的不同，根据如下规则确定行政复议机关。

第一，对县级以上地方各级人民政府工作部门的行政行为不服的，向同级人民政府申请行政复议。比如，对北京市海淀区教育委员会的行政行为不服的，可以向海淀区人民政府申请行政复议。

第二，对海关、金融、外汇管理等实行垂直领导的行政机关、税务和国家安全机关的行政行为不服的，向上一级主管部门申请行政复议。比如，对厦门海关等实行垂直领导的行政机关行政行为不服的，要向厦门海关的垂直领导机关海关总署申请复议。

第三，对地方各级人民政府的行政行为不服的，向上一级地方人民政府申请行政复议。比如，对浙江省杭州市人民政府行政行为不服的，向浙江省人民政府申请行政复议。

第四，对省、自治区人民政府依法设立的派出机关所属的县级地方人民政府的行政行为不服的,向该派出机关申请行政复议。这种情形主要是我国还存在一些省级政府依法设立的派出机关,比如新疆维吾尔自治区人民政府依法设立的喀什地区行政公署。喀什地区行政公署下设有叶城县人民政府,对叶城县人民政府行政行为不服的,向喀什地区行政公署提起行政复议。

第五,被申请人是省级人民政府的,向作出该行政行为的省、自治区、直辖市人民政府申请行政复议。对行政复议决定不服的,可以向人民法院提起行政诉讼;也可以向国务院申请裁决,国务院的裁决是最终裁决。

第六,对县级以上地方人民政府依法设立的派出机关的行政行为不服的,向设立该派出机关的人民政府申请行政复议。比如,对新疆维吾尔自治区人民政府设立的喀什地区行政公署行政行为不服的,向新疆维吾尔自治区人民政府申请行政复议。

第七,对县级以上地方各级人民政府工作部门依法设立的派出机构依照法律、法规、规章规定,以派出机构的名义作出的行政行为不服的行政复议案件,由本级人民政府管辖;其中,对直辖市、设区的市人民政府工作部门按照行政区划设立的派出机构作出的行政行为不服的,也可以由其所在地的人民政府管辖。比如,对北京市公安局海淀分局万寿寺派出所相关行政行为不服的,可以向北京市海淀区人民政府申请复议,也可以向北京市公安局海淀分局申请复议。

第八,对县级以上人民政府或者其工作部门管理的法律、法规、规章授权的组织作出的行政行为不服的,向同级人民政府申请行政复议。

第九,对履行行政复议机构职责的地方人民政府司法行政部门的行政行为不服的，可以向本级人民政府申请行政复议，也可以向上一级司法行政部门申请行政复议。比如，对上海市浦东新区司法局行政行为不服的，可以向上海市司法局申请行政复议，也可以向上海市浦东新区人民政府申请行政复议。这一规则属于针对司法行政部门的例外规则。

特别需要注意的是，以下案件由国务院部门直接管辖：（1）对本部门作出的行政行为不服的；（2）对本部门依法设立的派出机构依照法律、行政法规、部门规章规定，以派出机构的名义作出的行政行为不服的；（3）对本部门管理的法律、行政法规、部门规章授权的组织作出的行政行为不服的。对国务院部门的行政复议决定不服的，可以向人民法院提起行政诉讼；也可以向国务院申请裁决，国务院依照本法的规定作出最终裁决。

（三）行政复议的被申请人

行政复议的被申请人就是作出行政行为的行政主体。确定行政复议被申请人的方法，就是确定行政行为行政主体的方法。一般来说，遵循以下规则：

第一，针对县级以上人民政府及其工作部门作出行政行为提起行政复议的，被申请人就是县级以上人民政府及其工作部门。

第二，对两个以上行政机关工作共同作出行政行为提起行政复议的，联合作出行政行为的行政机关是共同被申请人。比如，某市市场监管局和教育局共同作出对某课外培训机构的行政处罚决定，对这个决定申请行政复议的，市场监管局和教育局是共同被申请人。

第三，对被委托作出的行政行为提起行政复议的，被申请人不是接受委托的组织，而是委托其作出行政行为的行政主体。比如，市城管局委托停车管理公司对路边停车收费，对收费行为提起行政复议被申请人是城管局，不是停车管理公司。

第四，对被撤销机关作出行政行为提起行政复议的，承接其被撤销机关职责的行政主体是被申请人。如果被撤销机关的职责没有其他单位承接，作出撤销决定的机关是被申请人。

第五，对依据法律法规规章授权作出行政行为提起行政复议的，作出该行为的被授权组织是被申请人。

（四）行政复议的申请程序

行政复议程序的启动需要公民、法人或其他组织申请，否则"无申请则无复议"。对于行政复议申请，行政复议机关应当依法审查，符合条件的依法受理，做到"应受理尽受理"，切实保障公民、法人或其他组织获得行政复议救济的权利。

1. 行政复议的申请方式

申请人申请行政复议，可以书面申请；书面申请有困难的，也可以口头申请。书面申请的，可以通过邮寄或者行政复议机关指定的互联网渠道等方式提交行政复议申请书，也可以当面提交行政复议申请书。口头申请的，行政复议机关应当当场记录申请人的基本情况、行政复议请求、申请行政复议的主要事实、理由和时间。

行政机关通过互联网渠道送达行政行为决定书的，应当同时提供提交行政复议申请书的互联网渠道。对当场作出或者依据电子技术监控设备记录的违法事实作出的行政处罚决定不服申请行政复议的，可以通过作出行政处罚决定的行政机关提交行政复议申请。申请人对两个以上行政行为不服的，应当分别申请行政复议。

2. 行政复议前置的范围

有下列情形之一的，申请人应当先向行政复议机关申请行政复议，对行政复议决定不服的，才可以依法向人民法院提起行政诉讼：（1）对当场作出的行政处罚决定不服；（2）对行政机关作出的侵犯其已经依法取得的自然资源的所有权或者使用权的决定不服；（3）认为行政机关未履行法定职责情形；（4）申请政府信息公开，行政机关不予公开；（5）法律、行政法规规定应当先向行政复议机关申请行政复议的其他情形。对于复议前置的情形，行政机关在作出行政行为时应当明确告知。

（五）行政复议的受理程序

行政复议是行政机关自我纠错机制，也是公民、法人或其他组织重要维权机制。因此，行政复议机关对符合条件的行政复议申请，应当坚持"应受理、尽受理"原则，积极受理行政复议申请，不能以各种法律规定外的理由拒不受理复议申请，或者给申请复议附加其他条件。

行政复议机关收到行政复议申请后，应当在五日内进行审查，对符合下列规定的，行政复议机关应当予以受理：

第一，有明确的申请人和符合本法规定的被申请人。申请人必须是具有行为能力的公民，或者依法设立的法人或其他组织。如果申请人是未成年人或不具有行为能力的精神病人，则不能申请行政复议。申请人可以是法人或其他组织，但也必须是依法设立的法人或其他组织。以法人身份申请行政复议的，也应有相应的法人资格证书。值得注意的是，申请人主观上认为行政行为直接侵犯其合法权益即可，实际上行政行为是否侵犯其合法权益不影响申请人资格。

第二，申请人与被申请行政复议的行政行为有利害关系。申请人不能基于公心针对与自己没有利害关系的行政行为提出行政复议申请。比如张某不能看到邻居刘某交通违章被严厉处罚就基于"兄弟义气"针对该处罚申请行政复议。张某只能针对和自己有实际利害关系的行政行为提起行政复议。

第三，有具体的行政复议请求和理由。行政复议申请人在申请时，应当写明具体的复议请求和事实根据。比如要求撤销违法的行政行为。值得注意的是，行政复议申请人只要写明自己认为正确的复议请求和事实根据即可，至于这些请求是否合法、这些事实依据是否符合事实，在所不论。

第四，在法定申请期限内提出。"法律不保护躺在权利上睡觉的人"。公民、法人或者其他组织认为具体行政行为侵犯其合法权益的，应当及时提出复议申请。《行政复议法》第二十条第一款规定："公民、法人或者其他组织认为行政行为侵犯其合法权益的，可以自知道或者应当知道该行政行为之日起六十日内提出行政复议申请；但是法律规定的申请期限超过六十日的除外。"可见，我国申请行政复议的期限时效一般为六十日，从知道或应当知道涉案行政行为起算。对此有两个例外规则：（1）因不可抗力或者其他正当理由耽误法定申请期限的，申请期限自障碍消除之日起继续计算。比如由于疫情原因，申请人被防疫隔离，则复议时效自防疫隔离开始后中断计算，自防疫隔离结束申请人恢复人身自由重新计算。（2）行政机关作出行政行为时，未告知公民、法人或者其他组织申请行政复议的权利、行政复议机关和申请期限的，申请期限自公民、法人或者其他组织知道或者应当知道申请行政复议的权利、行政复议机关和申请期限之日起计算，但是自知道或者应当知道行政行为内容之日起最长不得超过一年。

第五，属于行政复议法规定的行政复议范围，如果申请事项不属于行政复议范围，则不能提起行政复议。比如，认为某个地方性法规的规定不合法，就不能申请行政复议。

第六，属于行政复议机关的管辖范围，不属于管辖范围的不能受理。

第七，行政复议机关未受理过该申请人就同一行政行为提出的行政复议申请，并且人民法院未受理过该申请人就同一行政行为提起的行政诉讼。

对不符合上述受理条件的行政复议申请，应当在审查期限内决定不予受理并说明理由；不属于本机关管辖的，还应当在不予受理决定中告知申请人有管辖权的行政复议机关。如果行政复议申请的审查期限届满，行政复议机关未作出不予受理决定的，审查期限届满之日起视为受理。行政复议申请材料不齐全或者表述不清楚，无法判断行政复议申请是否符合受理条件的，行政复议机关应当自收到申请之日起五日内书面通知申请人补正。补正通知应当一次性载明需要补正的事项。申请人应当自收到补正通知之日起十日内提交补正材料。有正当理由不能按期补正的，行政复议机关可以延长合理的补正期限。无正当理由逾期不补正的，视为申请人放弃行政复议申请，并记录在案。

法律、行政法规规定应当先向行政复议机关申请行政复议、对行政复议决定不服再向人民法院提起行政诉讼的，行政复议机关决定不予受理、驳回申请或者受理后超过行政复议期限不作答复的，公民、法人或者其他组织可以自收到决定书之日起或者行政复议期限届满之日起十五日内，依法向人民法院提起行政诉讼。公民、法人或者其他组织依法提出行政复议申请，行政复议机关无正当理由不予受理、驳回申请或者受理后超过行政复议期限不作答复的，申请人有权向上级行政机关反映，上级行政机关应当责令其纠正；必要时，上级行政复议机关可以直接受理。

（六）行政复议的审理原则

与行政诉讼程序相比，行政复议审理程序更强调解决问题的效率。因此，行政复议审理程序有以下几个原则。

1. 当面审理为主的原则

所谓当面审理，是指通过面对面听取当事人意见作出决定的审理方式。与当面审理相对的是书面审理，是指通过审查书面材料作出决定的审理方式。传统上基于行政效率的考量，行政复议以书面审理为主。但为了提升行政复议的公正性，充分发挥行政复议在化解行政纠纷中的作用，2023年行政复议法修订后，适用普通程序的行政复议从书面审理为主升级为当面审理为主。《行政复议法》第四十九条规定，适用普通程序审理的行政复议案件，行政复议机构应当当面或者通过互联网、电话等方式听取当事人的意见，并将听取的意见记录在案。因当事人原因不能听取意见的，可以书面审理。适用简易程序审理的行政复议案件，可以书面审理。总之，适用普通程序审理的行政复议，应当优先选择当面审理方式。

2. 一次审理原则

所谓一次审理原则，是指行政复议只对被申请复议的行政行为进行一次复议审查。行政复议参加人对这次复议审查决定不服的，不得再次提起行政复议。除了法律规定复议为最终决定的外，行政复议参加人有权在行政复议之后继续通过行政诉讼方式维权。

3. 审理期间不中止行政行为执行原则

行政复议期间行政行为不停止执行；但是，有下列情形之一的，应当停止执行：（1）被申请人认为需要停止执行的；（2）行政复议机关认为需要停止执行的；（3）申请人、第三人申请停止执行，行政复议机关认为其要求合理，决定停止执行的；（4）法律、法规、规章规定停止执行的其他情形。值得注意的是，随着社会各界人权保障意识的增强，审理期间不中止行政行为执行原则也在发生变化。比如，公安机关对行政相对人作出行政拘留决定，此时行政相对人对行政拘留决定合法性提出强烈质疑。如果该行政相对人没有现实社会危险性，应当在其提起行政复议时暂缓执行行政拘留。毕竟，如果行政拘留确属错误，给相对人带来的人身自由损害无法完全挽回。行政拘留实施机关完全可以在行政复议决定作出后，根据行政复议决定的结果实施行政拘留。

（七）行政复议审理中的听证制度

审理重大、疑难、复杂的行政复议案件，行政复议机构应当组织听证。行政复议机构认为有必要听证，或者申请人请求听证的，行政复议机构可以组织听证。听证由一名行政复议人员任主持人，两名以上行政复议人员任听证员，一名记录员制作听证笔录。

行政复议机构组织听证的，应当于举行听证的五日前将听证的时间、地点和拟听证事项书面通知当事人。申请人无正当理由拒不参加听证的，视为放弃听证权利。被申请人的负责人应当参加听证。不能参加的,应当说明理由并委托相应的工作人员参加听证。

经过听证的行政复议案件,行政复议机关应当根据听证笔录、审查认定的事实和证据,依照本法作出行政复议决定。

(八)行政复议委员会制度

县级以上各级人民政府应当建立相关政府部门、专家、学者等参与的行政复议委员会,为办理行政复议案件提供咨询意见,并就行政复议工作中的重大事项和共性问题研究提出意见。行政复议委员会的组成和开展工作的具体办法,由国务院行政复议机构制定。

审理行政复议案件涉及下列情形之一的,行政复议机构应当提请行政复议委员会提出咨询意见:(1)案情重大、疑难、复杂;(2)专业性、技术性较强;(3)省、自治区、直辖市人民政府管辖的对本机关作出的行政行为不服的行政复议案件;(4)行政复议机构认为有必要。行政复议机构应当记录行政复议委员会的咨询意见。

提请行政复议委员会提出咨询意见的行政复议案件,行政复议机关应当将咨询意见作为作出行政复议决定的重要参考依据。

(九)行政复议的证据规则

第一,被申请人不得自行取证规则。行政复议期间,被申请人不得自行向申请人和其他有关单位或者个人收集证据;自行收集的证据不作为认定行政行为合法性、适当性的依据。

第二,举证责任倒置规则。一般的举证规则是"谁主张、谁举证"。但在行政复议中,应当由被申请人证明自己作出的行政行为合法合理。如果被申请人不能提交当初作出行政行为的证据、依据和其他有关材料的,视为该行政行为没有证据、依据。

第三,不得事后取证规则。被申请人在行政行为作出之后取得的证据不作为认定行政行为合法性、适当性的依据。但行政复议期间,申请人或者第三人提出被申请行政复议的行政行为作出时没有提出的理由或者证据的,经行政复议机构同意,被申请人可以补充证据。

(十)行政复议普通程序的期限

适用普通程序审理的行政复议案件,行政复议机关应当自受理申请之日起六十日内作出行政复议决定;但是法律规定的行政复议期限少于六十日的除外。情况复杂,不能在规定期限内作出行政复议决定的,经行政复议机构的负责人批准,可以适当延长,并书面告知当事人;但是延长期限最多不得超过三十日。

(十一)行政复议的简易程序

1. 适用简易程序审理的条件

行政复议机关审理下列行政复议案件,认为事实清楚、权利义务关系明确、争议不大的,可以适用简易程序:(1)被申请行政复议的行政行为是当场作出;(2)被申请行政复议的行政行为是警告或者通报批评;(3)案件涉及款额三千元以下;(4)属于政府信息公开案件。

除上述四种情形以外的行政复议案件,当事人各方同意适用简易程序的,可以适用简易程序。

2. 简易程序审理的基本流程

适用简易程序审理的行政复议案件,行政复议机构应当自受理行政复议申请之日起三日内,将行政复议申请书副本或者行政复议申请笔录复印件发送被申请人。被申请人应当自收到行政复议申请书副本或者行政复议申请笔录复印件之日起五日内，提出书面答复，并提交作出行政行为的证据、依据和其他有关材料。

3. 简易程序与普通程序的转化

适用简易程序审理的行政复议案件，行政复议机构认为不宜适用简易程序的，经行政复议机构的负责人批准，可以转为普通程序审理。

4. 简易程序的期限

适用简易程序审理的行政复议案件，行政复议机关应当自受理申请之日起三十日内作出行政复议决定。

（十二）行政复议的决定

行政复议机关依照本法审理行政复议案件，由行政复议机构对行政行为进行审查，提出意见，经行政复议机关的负责人同意或者集体讨论通过后，可以以行政复议机关的名义作出如下行政复议决定。

1. 维持决定

行政行为认定事实清楚，证据确凿，适用依据正确，程序合法，内容适当的，行政复议机关应当作出维持该行政行为的决定。

2. 履行决定

行政复议申请人认为被申请人不履行或拖延履行法定职责的，提出行政复议申请要求被申请人履行法定职责。行政复议机关经审理认为被申请人不履行法定职责或拖延履行法定职责成立的，应当作出责令履行决定，决定其在一定期限内履行法定职责。

3. 撤销决定

被审查的行政行为有下列情形之一，行政复议机关可以作出撤销决定：（1）主要事实不清、证据不足；（2）违反法定程序；（3）适用的依据不合法；（4）超越职权或者滥用职权。

4. 重作决定

行政复议机关决定撤销或者部分撤销该行政行为，并可以责令被申请人在一定期限内重新作出行政行为。行政复议机关责令被申请人重新作出行政行为的，被申请人不得以同一事实和理由作出与被申请行政复议的行政行为相同或者基本相同的行政行为，但是行政复议机关以违反法定程序为由决定撤销或者部分撤销的除外。

5. 变更决定

行政行为有下列情形之一的，行政复议机关决定变更该行政行为：（1）事实清楚，证据确凿，适用依据正确，程序合法，但是内容不适当；（2）事实清楚，证据确凿，程序合法，但是未正确适用依据；（3）事实不清、证据不足，经行政复议机关查清事实和证据。行政复议机关不得作出对申请人更为不利的变更决定，但是第三人提出相反请求的除外。

6. 确认违法决定

如果被审查的行政行为依法应予撤销，但是撤销会给国家利益、社会公共利益造成重大损害，或者属于程序轻微违法，但是对申请人权利不产生实际影响的，不宜作出撤销或变更决定的，行政复议机关可以作出确认违法决定。比如给房地产商发放的商品房建设许可证违法，但根据这份违法的建设许可证已经建成大量商品房，大量群众已经入住，在这种情况下撤销建设许可证，不利于入住群众后续相关权益保护。在这种情形下，可以确认先前发放建设许可证的行政行为违法，要求行政机关采取补救措施，但不撤销建设许可证。

7. 确认无效决定

行政行为有实施主体不具有行政主体资格或者没有依据等重大且明显违法情形，申请人申请确认行政行为无效的，行政复议机关确认该行政行为无效。

8. 驳回决定

行政复议机关受理申请人认为被申请人不履行法定职责的行政复议申请后，发现被申请人没有相应法定职责或者在受理前已经履行法定职责的，决定驳回申请人的行政复议请求。

申请人在申请行政复议时一并提出行政赔偿请求，行政复议机关对依照国家赔偿法的有关规定应当不予赔偿的，在作出行政复议决定时，应当同时决定驳回行政赔偿请求的决定。

9. 赔偿决定

申请人在申请行政复议时一并提出行政赔偿请求，对符合国家赔偿法的有关规定应当给予赔偿的，行政复议机关在决定撤销或者部分撤销、变更行政行为或者确认行政行为违法、无效时，应当同时决定被申请人依法给予赔偿。

10. 补救补偿决定

行政复议的补救补偿决定主要适用于以下情形。

第一，行政复议机关决定确认行政行为违法的，可以同时责令被申请人采取补救措施。

第二，申请人在申请行政复议时没有提出行政赔偿请求的，行政复议机关在依法决定撤销或者部分撤销、变更罚款，撤销或者部分撤销违法集资、没收财物、征收征用、摊派费用以及对财产的查封、扣押、冻结等行政行为时，应当同时责令被申请人返还财产，解除对财产的查封、扣押、冻结措施，或者赔偿相应的价款。

第三，被申请人不依法订立、不依法履行、未按照约定履行或者违法变更、解除行政协议的，行政复议机关决定被申请人承担采取补救措施责任的决定。

三 常见法律问题

（一）能否把民法典等其他部门法当成行政复议审理的依据？

"法律适用是法秩序整体的适用，而不是某个部门法某个法律要素的适用，法律适用主体在法律适用过程中必须将现行有效的法律视为一个不可分割的整体适用。"[1]"没有一个法律规范是独立存在的，它们必须作为整个法律秩序的部分要素来理解。……在解决法律问题，也就是在判决具体纠纷的时候，民法、刑法和宪法的规范和原则通常必须联合起来适用。"[2]因此，尽管我国法律从法学专业划分可以分为民法、刑法、行政法、经济法、社会法、诉讼法等，但行政复议机关在行政复议活动中不能仅仅考虑行政法，也要将民法、刑法等纳入法律适用视野。行政执法机关在行政执法活动中既要执行和遵守行政法律的原则和规则，也要执行和遵守民法典、刑法、公司法等其他法律部门法

---

[1] 胡建淼主编《法律适用学》，浙江大学出版社2010年版，第36页。
[2] 〔德〕魏德士：《法理学》，丁晓春、吴越译，法律出版社2005年版，第319—320页。

律的原则和规则，行政复议机关作为行政机关也是如此。因此，民法典、刑法、公司法等其他领域法律在相关复议案件执法中当然会成为行政复议依据，也应当和必须成为行政复议依据。

比如，民法典作为民事法律，其确定的基本原则和规则也约束行政执法活动，行政执法机关在行政执法中要遵守民法典确立的基本原则和基本规则，行政复议机关在行政复议中也要确保行政执法活动遵守民法典确立的基本原则和基本规则。再比如，《老年人权益保障法》是一部社会法，但其中第三十二条明确规定："地方各级人民政府在实施廉租住房、公共租赁住房等住房保障制度或者进行危旧房屋改造时，应当优先照顾符合条件的老年人。"各地行政机关在实施相关行政执法活动时，就要遵守和执行这一规定，行政复议机关在复议中发现行政机关违反了老年人权益保障法相关规定，也要依据老年人权益保障法予以纠正。总之，行政复议对法律的执行不局限于行政类法律，行政复议机关要在复议活动中遵守法律体系中全部法律的相关原则和规则，通过行政复议确保行政机关也遵守法律体系中全部法律的相关原则和规则。

（二）如何在行政复议中适用调解？

调解是中国传统的矛盾化解方式，是发生纠纷或争议的当事人，在调解人的主持和见证下，通过自愿达成协议的方式化解矛盾的方法。传统上认为行政复议不适用调解，原因在于行政复议处理的是行政机关和行政相对人之间的争议，是"官民矛盾"。传统上认为"官民矛盾"关系中要么"官"违法侵害"民"的权益，要么"民"无理取闹或对法律理解不到位，没有"讨价还价"调解的空间。但随着我们对行政行为以及各类行政争议性质认识的加深，我们也发现在法律允许的范围内，一些行政争议的处理也是可以"讨价还价"的。如果允许行政争议的当事人在法律允许的范围内，经过调解人的主持和见证，通过"讨价还价"后自愿达成协议的方式解决矛盾，则有利于实质性化解行政争议，有利于减少行政机关的行政成本、行政相对人的维权成本和行政复议成本，是利国利民多赢的好事。因此，2023年对《行政复议法》全面修订时，明确规定："行政复议机关办理行政复议案件，可以进行调解。"

在具体实践中，实施行政复议调解，要注意以下几点。

第一，行政复议调解有具体的适用范围，不是所有行政复议案件都可以适用调解。行政诉讼法规定："行政赔偿、补偿以及行政机关行使法律、法规规定的自由裁量权的案件可以调解。"行政复议法虽然没有明确列出行政调解的适用范围，但一般认为行政调解仍主要适用于行政赔偿、补偿以及行政机关行使法律、法规规定的自由裁量权的案件。当然，由于行政复议是行政机关的自我纠错，因此行政复议适用调解的范围应当比行政诉讼适用调解的范围大，但也绝不是所有行政复议案件都可以适用调解。

第二，行政复议调解中的"讨价还价"也是有底线的，不是什么都能"讨价还价"。调解应当遵循合法的原则，不得损害国家利益、社会公共利益和他人合法权益，不得违反法律、法规的强制性规定。比如，在拆迁补偿案件中，不能在调解中明显提高法定补偿标准，满足一些人"漫天要价"，损害公共利益。

第三，行政复议中适用调解必须是当事人自愿的。任何人都不能强迫申请人或被申请人进行调解。只有申请人和被申请人都愿意进行调解，才能适用调解。

第四，行政复议的调解是在行政复议机关主持、见证下实施的，全过程受到复议机关的监督，最终达成调解协议要加盖行政复议机关印章才有法律效力。

第五，行政复议中当事人达成的调解协议是有法律效力的。行政复议法明确规定："当事人经调解达成协议的，行政复议机关应当制作行政复议调解书，经各方当事人签字或者签章，并加盖行政复议机关印章，即具有法律效力。"被申请人应当履行行政复议调解书，被申请人不履行或者无正当理由拖延履行行政复议调解书的，行政复议机关或者有关上级行政机关应当责令其限期履行，并可以约谈被申请人的有关负责人或者予以通报批评。申请人不履行调解书的，由行政复议机关依法强制执行，或者申请人民法院强制执行。

第六，行政复议调解在签订调解协议前，是可以反悔的。调解未达成协议或者调解书生效前一方反悔的，行政复议机关应当依法审查或者及时作出行政复议决定。

（三）如何在行政复议中实现和解？

和解也是行政复议结案的一种方式。行政复议和解与调解不一样。行政复议调解的成果是自愿达成的行政复议调解书，而和解的成果是申请人撤回行政复议申请，经批准后行政复议终止。

具体在行政复议中进行和解，要注意以下几点。

第一，行政复议和解也有底线，这和行政复议中调解是一样的。根据行政复议法的规定，当事人在行政复议决定作出前可以自愿达成和解，和解内容不得损害国家利益、社会公共利益和他人合法权益，不得违反法律、法规的强制性规定。

第二，行政复议中和解达成后，行政复议申请人撤回行政复议申请，需要行政复议机关批准。行政复议机关要重点审查和解内容，以及行政复议申请人是否自愿与被申请人和解。如果发现和解内容损害国家利益、社会公共利益和他人合法权益，或者违反法律、法规的强制性规定，或者行政复议申请人是受到"威胁""胁迫""不法利诱"才进行和解，则不应批准撤回申请。

第三，行政复议申请人与被申请人和解且复议申请经批准撤回后，行政复议机关应及时决定终止行政复议。此后，行政复议申请人不得再以同一事实和理由提出行政复议申请，提出也不受理。

第四，如果行政复议经过和解终止后，行政复议申请人有证据证明撤回行政复议申请违背其真实意愿的，则复议申请人可以再以同一事实和理由提出行政复议申请。

行政诉讼法

第七讲
CHAPTER 7

CHAPTER 7

第七讲　行政诉讼法

行政诉讼法作为我国行政法治的配套机制，经历了1990年实施，到2014年第一次修改，再到2017年第二次修改的发展过程，成为我国民主政治和法治建设的一个里程碑。它正式确立了一种崭新的司法制度，在中国制度文明史上具有重要地位，为监督行政机关依法行使职权与维护公民合法权益提供了崭新的机制。行政诉讼法及其司法解释在推动形成依法行政理念的基础上，进一步深化了依法行政的内涵，通过积极推动与消极矫正切实提高了依法行政的能力与水平。

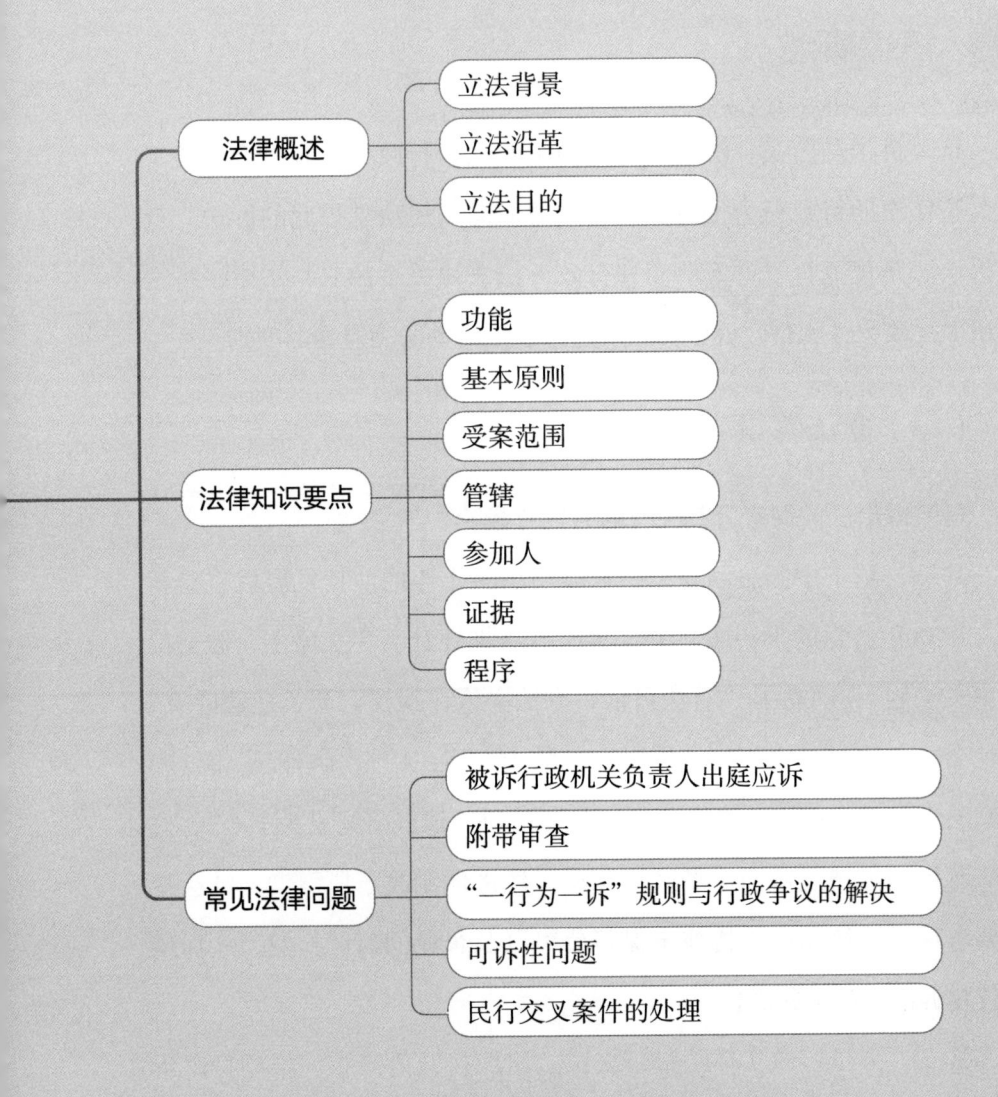

```
                    ┌─ 立法背景
       法律概述 ─────┼─ 立法沿革
                    └─ 立法目的

                    ┌─ 功能
                    ├─ 基本原则
                    ├─ 受案范围
       法律知识要点 ─┼─ 管辖
                    ├─ 参加人
                    ├─ 证据
                    └─ 程序

                    ┌─ 被诉行政机关负责人出庭应诉
                    ├─ 附带审查
       常见法律问题 ─┼─ "一行为一诉"规则与行政争议的解决
                    ├─ 可诉性问题
                    └─ 民行交叉案件的处理
```

一 法律概述

行政诉讼是公民、法人或者其他组织认为行政机关和行政机关工作人员作出的行政行为侵犯其合法权益而向人民法院提起的诉讼。行政诉讼法是规范行政诉讼活动和行政诉讼法律关系的基本法律，是法院审理行政案件和行政诉讼参加人进行诉讼活动必须遵循的准则。

（一）立法背景

行政诉讼法的制定有其独特的时代背景。

其一，基于中国法制建设事业经历了三十年的曲折发展后重获新生。1978年，党的十一届三中全会提出"加强社会主义民主，健全社会主义法制"，确立了"有法可依，有法必依，执法必严，违法必究"的社会主义法制基本原则。同时，党的十一届三中全会明确了将党和国家工作中心从"以阶级斗争为纲"转移到"以经济建设为中心"，这意味着计划经济逐步向市场经济转型。经济体制改革所引发的社会变化要求通过法律制度的构建来保障公民以及企业的财产权益，从而推动行政诉讼法制迅速成长。

其二，大量行政实体法赋予公民、组织行政诉讼权，推动行政诉讼法制建立健全。从1980年颁布《中华人民共和国中外合资经营企业所得税法》开始，大量的法律与行政法规规定，当事人对行政机关所作决定不服的，可以向人民法院提起诉讼。相关实体法的规定为行政审判的运作提供了制度基础，全国各地法院纷纷开始设置行政审判组织。行政审判机构的广泛设置以及行政审判业务的现实运作，标志着法院行政审判工作越来越专业化和规范化，这为立法机关制定《行政诉讼法》奠定了坚实的基础。

其三，行政诉讼法的起草过程恰逢党的十三大召开，大会上所释放的立法信号为行政诉讼法的制定提供了充足的政治信心。1987年党的十三大顺利召开，"加快和深化改革"成为最重要的主题词。党的十三大报告所彰显的改革决心直接催生了行政诉讼法。1989年4月4日，第七届全国人大第二次会议通过了行政诉讼法，该法的颁布影响深远，不仅推动与强化了依法行政理念，更对我国整体的法制事业建设起到了重大的推动作用。

（二）立法沿革

行政诉讼法1990年实施，2014年第一次修改，2017年第二次修改。从行政诉讼法的颁布到首次修订间隔了20多年。其间，在依法治国基本方略的推动下，中国经济社会飞速发展，社会主义法制不断健全，社会主义民主政治进一步发展，中国特色社会主义法治焕发出蓬勃生机。在这样的大背景下，行政诉讼法受到了内生与外在的双重压力，修订成为必然。行政诉讼制度在司法实践中遭遇的"立案难、审理难、执行难"[1]窘境急需摆脱，且受全面深化改革、全面推进依法治国的影响，完善行政诉讼体制机制，合理调整行政诉讼案件管辖制度，切实解决行政诉讼中的突出问题被推上了快车道。2013年12月，第

---

[1] 信春鹰:《关于〈中华人民共和国行政诉讼法修正案（草案）〉的说明——2013年12月23日在第十二届全国人民代表大会常务委员会第六次会议上》，载《中华人民共和国全国人民代表大会常务委员会公报》2014年第6期，第688—692页。

十二届全国人大常委会第六次会议第一次审议《中华人民共和国行政诉讼法修正案（草案）》，到2014年10月底第三次审议并随后通过修正案草案。从行政诉讼法的首次修订到第二次修订间隔了三年。2014年对行政诉讼法的首次修订遗留了一些尚未解决的问题，如行政公益诉讼问题、行政诉讼类型化问题以及法律适用问题等。尤其是行政公益诉讼制度属于当时修订行政诉讼法时较为受关注的话题，争议也比较大。最终，2014年行政诉讼法未将行政公益诉讼制度纳入其中，"法律委员会为此向常委会作出说明，并提出可以通过在实践中积极探索，抓紧研究相关法理问题，逐步明确公益诉讼的范围、条件、诉求、判决执行方式等，为行政公益诉讼制度的建立积累经验"[①]。此后经过两年的实践探索与经验积累，2017年6月27日，第十二届全国人大常委会再次修改行政诉讼法，在第二十五条增加了行政公益诉讼制度的相关规定，标志着我国行政公益诉讼制度成功完成了理论制度构建到实践探索再到立法保障的全过程。

（三）立法目的

行政诉讼法确立了"民告官"的一系列基本制度，公民、法人和其他组织的合法权益如若受到行政行为的影响，由此引发行政争议的，法律赋予其通过诉讼途径寻求救济的权利，这为改变官民观念、改进行政执法、改善行政立法作出了巨大贡献。行政机关的行政行为除了受到行政系统内部的自我监督以外，即通过行政复议等途径将行政争议化解在行政系统内部，还需要接受外部监督，行政诉讼法规范人民

---

① 童卫东：《进步与妥协：〈行政诉讼法〉修改回顾》，载《行政法学研究》2015年第4期。

法院公正、及时审理行政案件，以解决行政争议，保护公民、法人和其他组织的合法权益，监督行政机关依法行使职权。行政诉讼是解决行政争议最为重要的途径之一，该法的立法理念在于解决行政争议，维护相对人合法权益，监督行政权力的行使。《行政诉讼法》第一条规定："为保证人民法院公正、及时审理行政案件，解决行政争议，保护公民、法人和其他组织的合法权益，监督行政机关依法行使职权，根据宪法，制定本法。"由此可见，行政诉讼法的立法目的主要包括以下几项。

第一，保证人民法院公正、及时审理行政案件。行政诉讼法作为诉讼制度的基本法，主要是确定人民法院审理行政案件的基本程序，同时明确诉讼参加人在诉讼中的权利、义务等，所以制定行政诉讼法的首要目的是保证人民法院公正、及时审理行政案件。所谓公正审理行政案件，是指人民法院在查明事实的基础上，正确适用法律、法规作出判决、裁定。这里所说的"正确适用法律法规"，既包括正确适用行政诉讼法规定的诉讼制度，也包括正确适用有关实体法律、法规的规定。例如，人民法院审理公民不服公安机关作出的治安管理处罚的案件，既要在审理过程中遵循行政诉讼法关于诉讼制度的规定，也要遵循治安管理处罚法这一实体法的相关规定来对公安机关的治安管理处罚行为进行审查。所谓及时审理行政案件，是指人民法院在行政诉讼的各个阶段，都要依照行政诉讼法规定的期间要求审理案件，避免案件久拖不决，从而使公民、法人和其他组织的合法权益得到及时的司法救济，也可以使行政行为的合法性得到及时确认。

第二，解决行政争议。行政争议是行政机关在实施行政管理活动中与行政相对人的争议。随着我国经济社会的快速发展，社会利益格局日益多元化和复杂化，人民群众依法维权的意识不断提高，行政争议数量在我国日益增多。除了传统的涉及行政处罚、行政许可、行政强制方面的行政争议外，近些年来涉及城市建设、征地拆迁、资源环境、劳动和社会保障等方面的行政争议大量增加。有效解决行政争议，关系到人民群众的切身利益，也关系到社会的和谐稳定。解决行政争议的机制，目前有行政复议、行政诉讼、信访等多种途径。行政诉讼是通过司法审判的方式由人民法院对被诉行政行为的合法性进行审查，合法的予以维持，不合法的予以撤销、变更等，以此来化解行政争议。在立法目的中规定"解决行政争议"一项旨在进一步强化通过行政诉讼化解行政纠纷的作用，以法治的方式解决行政争议，有利于增强公民、法人和其他组织的法治意识，形成遇事找法律，依法维权，避免出现信"访"不信"法"的现象。

第三，保护公民、法人和其他组织的合法权益。行政诉讼的一个显著特点是"民告官"，公民、法人和其他组织认为行政机关和行政机关的工作人员所作出的行政行为侵犯其合法权益的，可以向人民法院提起行政诉讼，请求人民法院对被诉行政行为的合法性进行审查，从而维护自己的合法权益。在行政管理中，行政机关需要对行政相对人实施行政行为，以实现行政管理目的，如对违法的公民、法人等进行行政处罚；为制止违法行为、防止证据损毁、避免危害发生、控制危险扩大等，对公民、法人等的人身自由和财物实施行政强制措施予以暂时性的控制，这些行政行为都涉及公民、法人的人身权、财产权，而且行政行为一经作出即产生确定力、拘束力和执行力，行政相对人必须服从，否则行政机关将予以制裁或依法予以强制执行。正是因为行政行为具有这样的特点，所以在行政争议中，行政相对人一方往往处于弱势的地位，他们的合法权益有可能受到违法实施的行政行为的侵害。行政诉讼作为对行政相对人进行司法救济的渠道，通过人民法院对被诉行政行为的合法性进行审查监督，来保护行政相对人即公民、法人和其他组织的合法权益，使他们受损害的权益得到救济和恢复，这是行政诉讼法的主要立法目的。

第四，监督行政机关依法行使职权。行政诉讼的功能主要是对行政机关行使职权的一种司法监督，保护行政相对人的合法权益免受行政机关违法行为的侵犯，为受到行政违法行政行为侵犯的当事人提供法律救济。行政诉讼就是要对行政行为的合法性进行控制和监督，以保护公民、法人和其他组织的合法权益。

二 法律知识要点

（一）行政诉讼的功能

行政诉讼是指行政相对人与行政主体在行政法律关系中发生争议后，依法向人民法院提起诉讼，人民法院依法定程序审查行政主体行政行为的合法性，并判断行政相对人的主张是否有法律和事实依据，而后作出裁判的一种活动。行政诉讼的功能主要有以下几种。

第一，行政诉讼具有解决行政纠纷的功能。公民、法人或者其他组织与行政机关发生纠纷，其解决途径是多样的。在行政过程中，当事人对行政机关拟作出的行政行为有异议的，可以申辩。行政决定作出后，行政机关认识到其中有错误的，可以补正、变更或者撤销。当事人也可以申请行政复议，或者提起行政诉讼。

第二，行政诉讼具有监督行政的功能。行政诉讼监督行政的直接功能体现在法院对被诉行政行为的合法性审查和向有关机关发出的司法建议上。同时，在间接效应上，法院的个案裁判活动"为行政活动树立起法律的界碑，对行政决定产生了潜在的制约"[1]。行政诉讼对行政的监督还体现在对行政机关具体行政行为的披露上，借助于行政裁判活动和裁判文书的公开，行政活动被置于阳光之下供人审视。对于上级行政机关而言，行政诉讼活动实现了行政信息的更为有效和真实的传递，降低了管理和监督下级活动的信息成本；法院对行政行为的合法性审查，能够避免法律权威从中央到地方的层级稀释，确保行政机关依法行事。

第三，行政诉讼具有发展法律的功能。行政法与行政诉讼法的立法活动往往干系重大，牵涉到多方力量的博弈和政治经济等各种因素的考虑，推进较为困难。与之相比，司法活动中通过个案裁判积累起来的司法经验、司法政策和司法解释等就显得更为灵活和有效。司法活动无法回避急剧变迁的社会现实和呈现在法院的真实的社会之间的冲突，无法以法律不完备为由拒公民于门外。在这样的现实压力之下，法院就不得不积极挖掘与发展手中的法律规定来处理现实纠纷，回应现实关切。

（二）行政诉讼的基本原则

行政诉讼有以下八大原则。

---

[1] 何海波：《行政诉讼法》，法律出版社2022年版，第47页。

1. 人民法院依法独立审判原则

《行政诉讼法》第四条第一款规定:"人民法院依法对行政案件独立行使审判权,不受行政机关、社会团体和个人的干涉。"行政诉讼法的上述规定,确立了人民法院对行政案件的依法独立行使审判权的原则。这一规定,也是《宪法》第一百三十一条、《人民法院组织法》第四条有关规定在行政诉讼中的具体化,行政诉讼活动必须遵循。

2. 以事实为根据,以法律为准绳原则

《行政诉讼法》第五条规定:"人民法院审理行政案件,以事实为根据,以法律为准绳。"这一原则要求人民法院在审理行政案件过程中,要查明案件事实真相,以法律为尺度,作出公正的裁判。

3. 对行政行为合法性审查原则

《行政诉讼法》第六条规定:"人民法院审理行政案件,对行政行为是否合法进行审查。"由此确立人民法院通过行政审判对行政行为进行合法性审查的特有原则,简称合法性审查原则。该原则是指人民法院应当对被诉行政行为的合法性进行全面、客观的审查,不受原告诉讼请求和理由的限制,内容包括主要证据不足、适用法律法规错误、违反法定程序、超越职权、滥用职权、明显不当六个方面。无论原告是否对前述六个方面提出异议,人民法院都必须逐一进行合法性审查。

4. 当事人法律地位平等原则

《行政诉讼法》第八条规定:"当事人在行政诉讼中的法律地位平等。"这一规定是法律面前人人平等的社会主义法治原则在行政诉讼中的具体体现。在行政诉讼中当事人同样多为两方:一方是行政主体,它在行政管理活动中代表国家行使行政权力,处于管理者的主导地位;另一方是公民、法人或者其他组织,其在行政管理活动中处于被管理

者的地位。两者之间的关系是管理者与被管理者之间从属性行政管理关系。但是，双方发生行政争议依法进入行政诉讼程序后，他们之间就由原来的从属性行政管理关系转变为平等性的行政诉讼关系，成为行政诉讼的双方当事人，在整个诉讼过程中，原告与被告的诉讼法律地位是平等的。

5. 使用民族语言文字进行诉讼的原则

《行政诉讼法》第九条规定："各民族公民都有用本民族语言、文字进行行政诉讼的权利。在少数民族聚居或者多民族共同居住的地区，人民法院应当用当地民族通用的语言、文字进行审理和发布法律文书。人民法院应对不通晓当地民族通用语言、文字的诉讼参与人提供翻译。"中国的三大诉讼法都把使用本民族语言文字进行诉讼作为基本原则予以规定。

6. 辩论原则

《行政诉讼法》第十条规定："当事人在行政诉讼中有权进行辩论。"所谓辩论，是指当事人在法院主持下，就案件的事实和争议的问题，充分陈述各自的主张和意见，互相进行反驳的答辩，以维护自己的合法权益。辩论原则具体体现了行政诉讼当事人在诉讼中平等的法律地位，是现代民主诉讼制度的象征。

7. 合议、回避、公开审判和两审终审原则

《行政诉讼法》第七条规定："人民法院审理行政案件，依法实行合议、回避、公开审判和两审终审制度。"《行政诉讼法》第七章又将这一规定具体化，使之成为行政审判中的四项基本制度。

8. 人民检察院实行法律监督原则

《行政诉讼法》第十一条规定："人民检察院有权对行政诉讼实行

法律监督。"人民检察院在行政诉讼中的法律监督，主要体现在对人民法院作出的错误的生效裁判，可以依法提起抗诉。

（三）行政诉讼的受案范围

行政诉讼的受案范围是公民权利受到行政权侵害时受司法保护的范围，即法院可以将什么性质的行为作为行政案件受理和审判。[①] 行政诉讼法通过列举应当受理和不能受理的案件类型的方式，确定了受案范围。这种方式的好处是明确、具体，便于操作，是一种谨慎稳妥的方式。《行政诉讼法》第二章规定了受案范围，第十二条详细规定了12项人民法院受理的行政诉讼案件类型：（1）对行政拘留、暂扣或者吊销许可证和执照、责令停产停业、没收违法所得、没收非法财物、罚款、警告等行政处罚不服的；（2）对限制人身自由或者对财产的查封、扣押、冻结等行政强制措施和行政强制执行不服的；（3）申请行政许可，行政机关拒绝或者在法定期限内不予答复，或者对行政机关作出的有关行政许可的其他决定不服的；（4）对行政机关作出的关于确认土地、矿藏、水流、森林、山岭、草原、荒地、滩涂、海域等自然资源的所有权或者使用权的决定不服的；（5）对征收、征用决定及其补偿决定不服的；（6）申请行政机关履行保护人身权、财产权等合法权益的法定职责，行政机关拒绝履行或者不予答复的；（7）认为行政机关侵犯其经营自主权或者农村土地承包经营权、农村土地经营权的；（8）认为行政机关滥用行政权力排除或者限制竞争的；（9）认为行政机关违法集资、摊派费用或者违法要求履行其他义务的；（10）认为行

---

① 参见何海波《行政诉讼法》，法律出版社2022年版，第111页。

政机关没有依法支付抚恤金、最低生活保障待遇或者社会保险待遇的；（11）认为行政机关不依法履行、未按照约定履行或者违法变更、解除政府特许经营协议、土地房屋征收补偿协议等协议的；（12）认为行政机关侵犯其他人身权、财产权等合法权益的。除以上12类规定之外，还规定了"人民法院受理法律、法规规定可以提起诉讼的其他行政案件"的兜底条款。

除了以列举方式明确行政诉讼受案范围，《行政诉讼法》第十三条规定了不予受理的情形：第一，国防、外交等国家行为；第二，行政法规、规章或者行政机关制定、发布的具有普遍约束力的决定、命令；第三，行政机关对行政机关工作人员的奖惩、任免等决定；第四，法律规定由行政机关最终裁决的行政行为。关于第一项，国家行为是指涉及重大国家利益，具有很强的政治性，因而被排除在司法审查对象之外。国家行为是指全国人民代表大会及其常务委员会、国家主席、国务院、中央军事委员会、国防部、外交部等根据宪法和法律的授权，以国家机关的名义实施的有关国防、外交事务的行为，宣布紧急状态、实施戒严和总动员，驻军和军事等行为。国家行为包括：国防行为、外交行为、宣布紧急状态和实施戒严、其他国家行为。[1]关于第二项，具有普遍约束力的决定、命令，一般被称为抽象行政行为，其特点是该行为针对不特定的对象作出，约束将来可能发生的行为，即具有"往后约束性"，且可以反复适用，需要通过中间环节的行为才能对相对人的权利和义务发生影响。不能针对具有普遍约束力的决定、命令提起行政诉讼的原因在于，从中央到地方的各级政府设置有独立的

---

[1] 参见胡建淼《行政法学》，法律出版社2023年版，第740页。

行政行为监督体系，对行政行为进行变更、撤销或更改，同时，司法监督范围有限，公民、法人或者其他组织向法院提起行政诉讼，法院通过法定程序审查行政行为的合法性与否，从而解决一定范围内行政争议，但只能对具有普遍约束力的决定、命令作附带审查，且限于规范性文件。关于第三项，行政机关对行政机关工作人员的奖惩、任免等决定属于内部行政行为，内部行政行为可以通过申诉等途径进行解决，避免挤占司法资源。关于第四项，法律规定由行政机关最终裁决的行政行为不可诉。行政机关最终裁决指的是凡法律明文规定行政机关复议决定具有最终效力的，就是"最终裁决"。行政机关的复议决定自作出之后就立即生效，是终局复议的决定。当事人不得对此提起行政诉讼。

按照法治原则，行政行为侵犯了公民的合法权益都应当受到监督，公民都应当得到司法救济，因此，行政诉讼的受案范围应当是非常宽的。但实际上，行政诉讼受案范围的确定受行政争议的特点、法治发展的阶段性等诸多因素的影响。目前我国行政诉讼的受案范围扩大不能做到一步到位，而是要循序渐进，逐步推进。

（四）行政诉讼的管辖

公民、法人或者其他组织认为行政机关和行政机关工作人员的行政行为侵犯其合法权益，有权向人民法院提起诉讼。遇到行政纠纷，应该向哪个法院起诉维护自身合法权益，就要清楚行政诉讼管辖的相关规定。行政诉讼管辖是法院内部"受理第一审行政案件的分工和权限"，包括级别管辖和地域管辖两个方面。级别管辖就是从纵向方面划分上下级人民法院审理第一审行政案件的分工和权限，地域管辖是在级别管辖基础上,从横向方面确定案件由哪个法院来受理。

1. 级别管辖

《行政诉讼法》第十四条规定:"基层人民法院管辖第一审行政案件。"《关于完善四级法院审级职能定位改革试点的实施办法》(2021)第二条规定:"下列以县级、地市级人民政府为被告的第一审行政案件,由基层人民法院管辖:(一)政府信息公开案件;(二)不履行法定职责的案件;(三)行政复议机关不予受理或者程序性驳回复议申请的案件;(四)土地、山林等自然资源权属争议行政裁决案件。"《行政诉讼法》第十五条规定:"中级人民法院管辖下列第一审行政案件:(一)对国务院部门或者县级以上地方人民政府所作的行政行为提起诉讼的案件;(二)海关处理的案件;(三)本辖区内重大、复杂的案件。"《最高人民法院关于适用〈中华人民共和国行政诉讼法〉的解释》第五条规定,有下列情形之一的,属于行政诉讼法第十五条第三项规定的"本辖区内重大、复杂的案件":(1)社会影响重大的共同诉讼案件;(2)涉外或者涉及香港特别行政区、澳门特别行政区、台湾地区的案件;(3)其他重大、复杂案件;(4)其他法律规定由中级人民法院管辖的案件。《行政诉讼法》第十六条规定:"高级人民法院管辖本辖区内重大、复杂的第一审行政案件。"《行政诉讼法》第十七条规定:"最高人民法院管辖全国范围内重大、复杂的第一审行政案件。"

2. 地域管辖

《行政诉讼法》第十八条第一款规定:"行政案件由最初作出行政行为的行政机关所在地人民法院管辖。经复议的案件,也可以由复议机关所在地人民法院管辖。"公民、法人或者其他组织依法未经过复议直接向人民法院提起诉讼的案件,由最初作出行政行为的行政机关所在地人民法院管辖。地域管辖是根据人民法院的辖区来划分第一审行政案件的审判权。级别管辖解决的是案件由哪一级法院管辖，而地域管辖是进一步解决同级法院之间，特别是基层人民法院之间审理第一审行政案件的分工和权限。"原告就被告"是行政诉讼地域管辖的一般原则，经复议的案件，也适用这一原则。这样的制度设计主要是便于法院审查，人民法院在审理行政案件时调查、取证、执行主要在行政机关的所在地进行，由行政机关所在地人民法院管辖有利于审判。同时，能够避免行政机关异地奔波应诉，降低行政成本。大多数情况下，原告的居住地与作出行政行为的行政机关的所在地都同属于一个行政区域，由该辖区的人民法院管辖，也不会使原告负担过重。

（五）行政诉讼的参加人

行政诉讼的参加人，是指依法参加行政诉讼活动，享有诉讼权利，承担诉讼义务，并且与诉讼争议或诉讼结果有利害关系的人。根据我国行政诉讼法的规定，行政诉讼参加人具体包括：原告、被告、第三人和共同诉讼人。行政诉讼的原告是指认为自己的合法权益受到行政主体的行政行为侵犯或者实质影响而向人民法院提起诉讼的人，包括公民、法人或者其他组织。行政诉讼的被告是指原告指控其行政行为违法，侵犯原告合法权益，并经人民法院通知应诉的具有国家行政职权的机关和组织。通常情况下行政诉讼的当事人原被告双方都是单一的，但在原被告一方或者双方不是单一的情况下，为共同诉讼。原告为二人以上的，称为共同原告；被告为二人以上的，称为共同被告。共同原告或者共同被告，统称为共同诉讼人。行政诉讼的第三人规定在《行政诉讼法》第二十九条："公民、法人或者其他组织同被诉行政行为有利害关系但没有提起诉讼，或者同案件处理结果有利害关系的，可以作为第三人申请参加诉讼，或者由人民法院通知参加诉讼。"诉讼第三人应当符合以下条件：第一，应当与被诉行政行为有利害关系，或者与案件处理结果存在利害关系；第二，没有作为原告起诉或被告应诉；第三，拥有独立的诉讼地位。第三人参加诉讼是为了保护自己的利益。

（六）行政诉讼的证据

证据以各种材料为载体，反映了特定的事实。根据《行政诉讼法》第三十三条的规定，行政诉讼的法定证据依据证据的不同形式划分为八种：书证、物证、视听资料、电子数据、证人证言、当事人的陈述、鉴定意见、勘验笔录、现场笔录。行政诉讼的举证责任是指由法律预先规定，在行政案件的真实情况难以确定的情况下，由一方当事人提供证据予以证明，其提供不出证据证明相应事实的，则承担败诉风险及不利后果。行政诉讼的证据规则包括提供证据的规则、调取证据的规则、作证规则、质证规则以及认证规则。行政诉讼的证明标准是为了实现法定证明任务，法律规定在每一个案件中诉讼证明必须达到的程度。证明标准是衡量证据的证明程度的标准，它既是衡量当事人举证到何种程度才能满足举证要求的标准，又是法官据以确信案件事实以及评判法官对事实认定是否妥当的尺度。行政诉讼证据保全是指在证据可能灭失或者以后难以取得的情况下，人民法院根据诉讼参加人的请求依职权采取措施加以确定和保护的一项诉讼制度。证据保全既是保证当事人提供证据的补救方法，也是人民法院获取证据的一种手段，它对于保护当事人的合法权益，保证行政诉讼的顺利进行具有重要的意义和作用。

（七）行政诉讼的程序

行政诉讼的程序包括一审程序、二审程序以及再审程序。一审程序是指人民法院受理某一行政案件后第一次审理该案所适用的程序，它包括开庭前的准备、法庭调查、法庭辩论、合议庭评议和宣告判决等步骤。简易程序也是第一审程序，这是相对于普通程序而言的，只适用于事实清楚、权利义务关系明确、争议不大的一审行政案件。简易程序起诉方式、受理案件的程序简便。二审程序是指上级人民法院对下级人民法院就第一审行政案件所作的判决或裁定，在其发生法律效力之前，由于上诉人的上诉对案件进行审理的程序，又可称为上诉审程序或终审程序。二审法院审理上诉案件时，必须全面审查第一审法院认定的事实是否清楚，适用法律、法规是否正确，有无违反法定程序，不受上诉范围的限制。再审程序，即审判监督程序，是指通过有审判监督权或法律监督权的机关或组织发现人民法院已经发生法律效力的判决、裁定违反法律、法规的规定，确有错误，由有关人民法院依法决定进行再次审理的程序。行政诉讼的程序与其他诉讼程序相差无几，关键在于诉讼当事人中，原告必须是公民、法人或者其他组织，被告必须是行政机关。通俗来说行政诉讼就是"民告官"的程序，所以行政诉讼双方当事人一方为民一方为官，双方在不平等的行政管理或者处罚等行政法律关系中就争议启动司法救济程序，是为行政诉讼程序。

三 常见法律问题

（一）行政诉讼中被诉行政机关负责人出庭应诉

《行政诉讼法》第三条第三款规定："被诉行政机关负责人应当出庭应诉。不能出庭的，应当委托行政机关相应的工作人员出庭。"行政诉讼是"民告官"的制度，行政机关负责人出庭应诉，不仅有利于解决行政争议，也有利于增强行政机关负责人依法行政的意识。《行政诉讼法》第五十八条规定："经人民法院传票传唤，……被告无正当理由拒不到庭，或者未经法庭许可中途退庭的，可以缺席判决。"《行政诉讼法》第六十六条第二款规定："人民法院对被告经传票传唤无正当理由拒不到庭，或者未经法庭许可中途退庭的，可以将被告拒不到庭或者中途退庭的情况予以公告，并可以向监察机关或者被告的上一级行政机关提出依法给予其主要负责人或者直接责任人员处分的司法建议。"这就要求行政机关更加积极地配合、支持人民法院行使审判权，特别是行政机关内部要健全行政应诉的配套制度，把行政应诉工作纳入各级行政机关依法行政的指标考核体系中来推动。

（二）行政诉讼中的附带审查

《行政诉讼法》第五十三条规定："公民、法人或者其他组织认为行政行为所依据的国务院部门和地方人民政府及其部门制定的规范性文件不合法，在对行政行为提起诉讼时，可以一并请求对该规范性文件进行审查。前款规定的规范性文件不含规章。"第六十四条规定："人民法院在审理行政案件中，经审查认为本法第五十三条规定的规范性文件不合法的，不作为认定行政行为合法的依据，并向制定机关提出处理建议。"法院可对规范性文件附带审查。实践中，有些具体行政行为侵犯公民、法人或者其他组织的合法权益，是地方政府及其部门制定的规范性文件中越权错位等规定造成的。为从根本上减少违法行政行为，可由法院在审查行政行为时应公民、法人或者其他组织的申请对规范性文件进行附带审查。进行附带审查，要注意三个问题：一是要注意提出规范性文件审查的时间为一审开庭审理前，有正当理由的，可以在法庭调查中提出；二是法院认为规范性文件不合法的，不作为认定行政行为合法的依据，并要在裁判理由中予以阐明；三是法院应当向规范性文件的制定机关提出处理建议。

（三）"一行为一诉"规则与行政争议的解决

"一行为一诉"规则，要求在一个行政诉讼程序中，原告的诉讼请求通常不得指向两个或两个以上行政行为，否则将构成诉讼请求不明确，不满足法定起诉条件"有具体的诉讼请求"。"有具体的诉讼请求"是《行政诉讼法》第四十九条第三款起诉要件之一，在司法实践中，人民法院不时以诉讼请求不具体、违背"一行为一诉"原则为由驳回原告起诉。然而，"具体"并非一个明确的概念，2018年《最高人民法院关于适用〈中华人民共和国行政诉讼法〉的解释》第六十八条对"具体"进行了列举式的规定，但在实务中即便当事人的诉讼请求符合该解释的规定，仍会被认为诉讼请求不具体。在"立案难"的问题未解决的情况下，"受理难"又成了原告提起诉讼的一大难题。理想中的行政诉讼受案范围，应当是除了法律明确排除司法审查以外，相对人认为合法权益受到行政职权不利影响的，均可以提起行政诉讼；凡是法律未明确排除司法审查的行政争议，均可诉请司法解决。以解决行政争议的立法目标为导向，应聚焦相对人的诉讼请求和权利是否需要保障。

（四）行政行为的可诉性问题

《行政诉讼法》第十二条规定了行政诉讼的受案范围，其中兜底条款规定，"行政机关侵犯其他人身权、财产权等合法权益"。可见，行政诉讼受案范围以行政行为为逻辑起点，但除明确列举属于受案范围的行政行为类型以外，对其他类型的行政行为，行政诉讼法并没有明确"属于受案范围"或者"不属于受案范围"，也没有赋予法院自主判断权，而是要求结合法律、法规规定具体判断。但是，现阶段的行政实体法律规范多以程序性规范为主，直接规定行政行为及救济条款，以及赋予公民公法上请求权的仍不多见。这就给法院适用法律带来困难——法院较难以通过查明行政实体法律规范的具体规定确定某一特殊的行为是否属于可诉的行政行为。法律规定的空白将由法律解释填补，但也意味着法官不得不借助自己对行政行为性质、种类的理解作出判断，从而，同类案件不同处理的情形出现也就不足为奇了。未来，应该通过司法解释以及指导性案例的发布，对于这种情形不断丰富发展，进而为司法实践提供指引。

（五）民行交叉案件的处理

行政诉讼中，有些行政行为引起的争议，往往伴随着相关的民事争议。这两类争议依照行政诉讼法和民事诉讼法分别立案，分别审理，浪费了司法资源，有的还导致循环诉讼，影响司法效率，不利于保护当事人的合法权益。根据实践中行政争议与相关民事争议一并审理的做法，行政诉讼法增加规定，在涉及行政许可、登记和就民事争议所作的裁决的行政诉讼中，当事人申请一并解决相关民事争议的，人民法院可以一并审理，同时，在行政诉讼中，人民法院认为该行政案件审理需以民事诉讼的裁判为依据的，裁定中止行政诉讼。

国家赔偿法

第八讲
CHAPTER 8

第八讲　国家赔偿法

CHAPTER 8

　　国家赔偿法的制定和实施，标志着国家赔偿制度的正式确立。我国建立国家赔偿制度，意味着国家必须对国家机关及其工作人员违法行使职权给公民、法人和其他组织造成的损害承担责任，对有故意或重大过失的工作人员有权追偿。这样，可以从根本上对国家机关及其工作人员起到监督作用，防止和减少违法行使职权现象的发生，改进国家机关及其工作人员的工作作风，促进国家机关依法行使职权。对于落实宪法原则，保障公民、法人和其他组织的合法权益，监督和改进国家机关工作，发展民主，健全法制的重要步骤，具有重大的历史和现实意义。

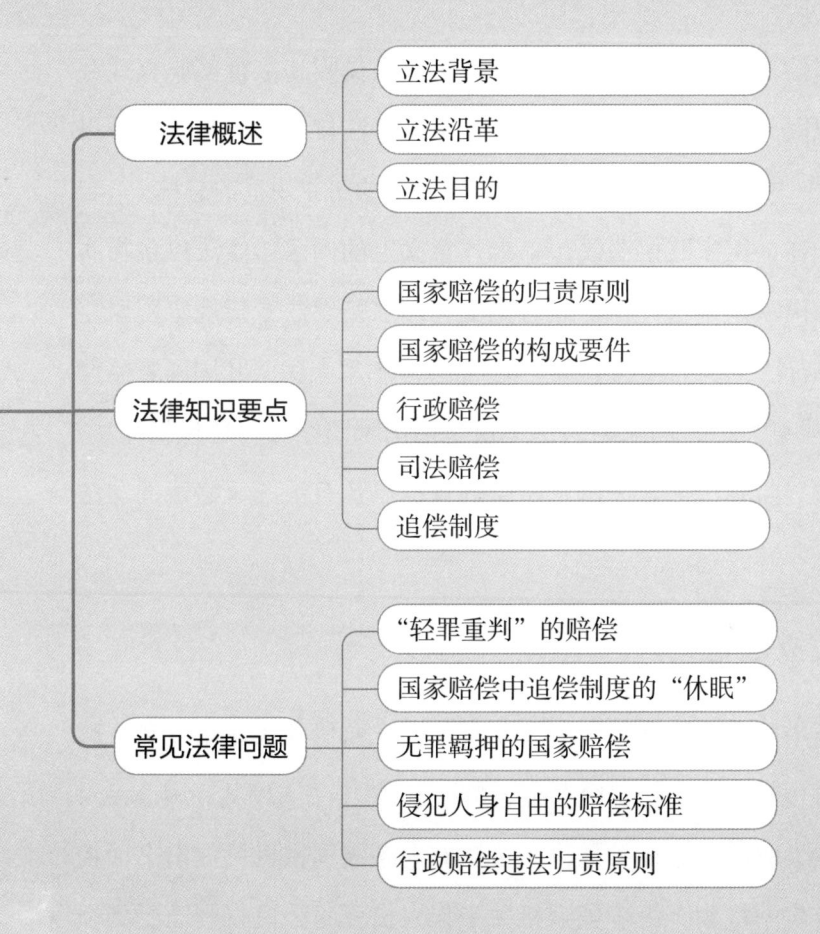

- 法律概述
  - 立法背景
  - 立法沿革
  - 立法目的
- 法律知识要点
  - 国家赔偿的归责原则
  - 国家赔偿的构成要件
  - 行政赔偿
  - 司法赔偿
  - 追偿制度
- 常见法律问题
  - "轻罪重判"的赔偿
  - 国家赔偿中追偿制度的"休眠"
  - 无罪羁押的国家赔偿
  - 侵犯人身自由的赔偿标准
  - 行政赔偿违法归责原则

一 法律概述

国家赔偿是指国家对国家机关及其工作人员因违法行使职权或存在过错等原因，侵犯公民、法人或其他组织合法权益的行为依法予以赔偿的制度。国家赔偿法是关于国家赔偿关系的法律规范的总称。[①] 与其他法律一样，国家赔偿法既包括形式意义上的国家赔偿法也包括实质意义上的国家赔偿法。在形式意义上，国家赔偿法专指规定国家赔偿责任的单行法，例如我国1995年施行的《中华人民共和国国家赔偿法》；在实质意义上，国家赔偿法不仅包括国家赔偿法，还包括宪法、行政诉讼法、监察法等有关国家赔偿的规范以及有关国家赔偿的司法解释等。

（一）立法背景

早在新中国成立初期我国便有了有关国家赔偿的法律制度和行政文件，例如1954年《宪法》第九十七条规定："中华人民共和国公民对于任何违法失职的国家机关工作人员，有向各级国家机关提出书面控告或口头控告的权利。由于国家机关工作人员侵犯公民权利而受到损失的人，有取得赔偿的权利。"除宪法外，新中国初期的一些法律、法规和政策也存在对国家赔偿制度的规定，这些规定在当时对于保护无

---

① 参见房绍坤等《国家赔偿法学》，北京大学出版社2021年版，第1页。

辜受害人的权利起到了一定的作用。[1]1982年，我国在新修改的宪法中仍然保留了这一原则："由于国家机关和国家工作人员侵犯公民权利而受到损失的人，有依照法律规定取得赔偿的权利。"这一规定既明确了国家机关的侵权行为及其赔偿责任，也对制定作为赔偿依据的下位法提出了要求。基于宪法的该项规定，我国此后制定的民法通则、行政诉讼法以及治安管理处罚条例等法律、法规零散地在其规范内体现了国家赔偿的制度精神。值得注意的是，1989年颁布的行政诉讼法，以专章的形式从赔偿责任要件、赔偿主体、请求赔偿的程序以及经费来源等方面对国家赔偿制度作了概括性规定，对我国建立和健全国家赔偿制度特别是行政赔偿制度具有重要意义。然而，这种散落在不同法律法规中的制度，在国家赔偿范围、方式、标准、程序等方面缺乏具体规定，在实践中实施较为困难。由此，有必要制定一部国家赔偿法，以专门法的形式建立我国的国家赔偿制度。

（二）立法沿革

1990年，全国人大常委会法工委组织有关法律专家组成起草小组，起草了《国家赔偿法（试拟稿）》，在此基础上广泛征求意见并进一步修改，拟定了《国家赔偿法（草案）》。该草案于1994年5月12日由第八届全国人大常委会第七次会议通过，于1995年1月1日起施行。立法者考虑到行政赔偿与刑事赔偿在赔偿原则、赔偿标准等上具有共性，因此在立法体例上我国采取了行政赔偿和刑事赔偿合一的体例，即在同一部国家赔偿法中分章节规定行政赔偿与刑事赔偿，因此形成了独具

---

[1] 参见《行政法与行政诉讼法学》编写组《行政法与行政诉讼法学》，高等教育出版社2018年版，第298页。

特色的国家赔偿法。这一专门法的颁布和实施标志着我国国家赔偿制度的正式建立。此后，随着经济社会的不断发展以及公民权利意识的觉醒，国家赔偿范围狭窄、标准偏低、程序公正性不足等问题日益凸显，国家赔偿法因此甚至一度被戏称为"国家不赔法"。[①]基于上述背景，全国人大常委会法工委于2005年底开始着手国家赔偿法的修改工作。历时五年，2010年4月29日，第十一届全国人大常委会第四次会议通过了《关于修改〈中华人民共和国国家赔偿法〉的决定》，国家赔偿法进行了第一次修订。这一次修改扩大了国家赔偿的范围，完善了国家赔偿的具体程序，有力推动了国家赔偿制度的进步与发展。

（三）立法目的

《国家赔偿法》第一条规定，为保障公民、法人和其他组织享有依法取得国家赔偿的权利，促进国家机关依法行使职权，根据宪法，制定本法。这条规定明确指出了国家赔偿法的立法目的。

第一，落实宪法制度，保障宪法实施。宪法的生命在于实施，宪法的权威也在于实施。我国《宪法》第四十一条第三款规定："由于国家机关和国家工作人员侵犯公民权利而受到损失的人，有依照法律规定取得赔偿的权利。"该规定具有较强的原则性，无法直接适用，而且受害人需要"依照法律规定取得赔偿"。因此如果没有具体的法律规定，宪法关于国家赔偿的规定就很难落到实处。尽管在国家赔偿法出台以前，我国已经有行政诉讼法等包含国家赔偿制度内容的法律、法规，但是制度很不完善，只有制定了国家赔偿法，建立了统一、具体的国

[①] 参见马怀德、孔祥稳《我国国家赔偿制度的发展历程、现状与未来》，载《北京行政学院学报》2018年第6期。

家赔偿制度，宪法所规定的国家赔偿原则才真正落到了实处。

第二，保障公民、法人和其他组织享有依法取得国家赔偿的权利。国家赔偿法最重要的立法目的就在于以专门法的形式建立较为完备、具有可操作性的国家赔偿制度，以保障合法权益受到公权力侵害的主体的正当利益。法谚有云，"无救济即无权利"，由此，保障公民、法人和其他组织的合法权益，必须建立起相应的权利救济制度。政府的职责在于保障和发展人权，所以当政府侵犯相对人的合法权益时，通过相应的制度予以赔偿便是保障人权的题中应有之义。基于此，国家赔偿法根据宪法关于"由于国家机关和国家工作人员侵犯公民权利而受到损失的人，有依照法律规定取得赔偿的权利"的规定，从赔偿范围、赔偿程序、赔偿标准、赔偿方式等几个方面作出了具体规定，以法律的形式建立了国家赔偿制度，为公民、法人和其他组织依法取得国家赔偿提供了明确的法律依据。

第三，促进国家机关依法行使职权。国家赔偿法的一种重要立法目的在于促进国家机关及其工作人员依法行使职权，这一目的可以从以下几个方面加以理解：其一，对于因存在一般过错导致损害公民、法人和其他组织合法权益的，由国家承担赔偿责任。在本质上这是由国家承担公务人员行使职权过程中可能产生的风险责任，从而提高公务人员执行公务的主动性、积极性与创造性，保障国家机关的工作效率。其二，国家赔偿法同时也规定了对具有故意或者重大过失的国家机关工作人员的追偿制度，也能在很大程度上约束公务人员，促进国家机关工作人员依法行使职权。国家赔偿法中对国家工作人员责任的规定，实际上是为了在保护人民合法权益与保障国家机关效率之间实现一种合理的平衡。其三，充分发挥国家赔偿制度的反向审视功能，及时纠正国家机关的错误行为，促进国家机关及其工作人员依法行使职权。赔偿义务机关可以通过对损害后果的判断、国家赔偿责任的承担等角度审视原职权行为的合法性，从中汲取经验教训，从而不断提高国家机关依法规范行使国家权力的能力。

二 法律知识要点

（一）国家赔偿的归责原则

归责原则是判断国家是否承担赔偿责任的依据和标准。1995年制定的《国家赔偿法》第二条规定："国家机关和国家机关工作人员违法行使职权侵犯公民、法人和其他组织的合法权益造成损害的，受害人有依照本法取得国家赔偿的权利。"由此可以看出，当时的立法者采纳了"一元论"的归责原则，即违法归责原则，在这一标准下，国家是否承担赔偿责任仅仅取决于国家机关及其工作人员是否违反法律规定。但是采用单一的违法归责原则的做法自立法之初便饱受学者诟病。因为在特定情况下，国家机关及其工作人员即使遵守法律的有关规定，仍然有可能在事实上对相对人造成损害，所以采用单一的违法归责原则实际上是缩小了国家赔偿的范围，无法满足对受害人权益保护的客观需要。因此，2010年第十一届全国人大常委会第十四次会议通过了《关于修改〈中华人民共和国国家赔偿法〉的决定》，将第二条修改为："国家机关和国家机关工作人员行使职权，有本法规定的侵犯公民、法人和其他组织合法权益的情形，造成损害的，受害人有依照本法取得国家赔偿的权利。"据此，在2010年国家赔偿法修改后，立法者已明确摒弃单一归责原则，对于国家机关及其工作人员不构成违法但是存在过错或者从结果上看已经构成损害的，国家应当承担赔偿责任。但2010年国家赔偿法修改后采用何种归责原则，学界尚有争论。通说认为，现行国家赔偿法的归责原则以违法归责原则为主，结果责任原则、过错责任原则为辅。

1. 违法归责原则

违法归责原则是将国家机关及其工作人员是否因违法而造成他人权益损害作为判断国家是否承担赔偿责任的标准。但是对于"违法"的认定需要注意以下几点：首先，对"违法"这一概念需作扩大解释。这是因为我国目前法制尚不完备，还有领域仍然存在无法可依的情况，事实上国家也无法实现对所有可能出现的情形预先作出规定。因此，为了实现对受害人合法权益进行有效救济的目的，对违法归责原则中"违法"的认定决不能简单地理解为现行的法律、法规，而应当包括具有普遍约束力的规范性文件以及法的基本精神和原则。其次，违法归责原则中的"违法"是指"行为违法"。在大陆法系传统理论中，"违法"的含义包括结果违法和行为违法。"结果违法"认为行为之所以违法是因为其造成了损害"结果"；而"行为违法"认为，即使最终造成了损害结果，但只要行为人尽到了合理注意义务就不应为法律所责难，即不构成"违法"。从国家赔偿法的规定来看，我国采用了"行为违法"理论，即国家机关及其工作人员在履行职责过程中违反了必要的注意义务，即可认定行政机关违法，至于损害事实在此不作为"违法"的构成要件，而是作为国家赔偿责任的构成要件加以规定。最后，不履行特定义务或者滥用职权也构成"违法"。确认不作为违法应当以法定义务的存在为前提。对于行使自由裁量权的行为，如果行政机关及其工作人员违反法律规定超越裁量范围或者幅度，即构成违法。此外，如果行政机关及其工作人员在行使裁量权时考虑不相关因素作出了明显不合理的行政行为，即属于滥用职权，构成违法。

2. 结果责任原则

结果责任原则是以损害后果的发生作为确认国家是否应承担赔偿责任的归责原则。结果责任理论的基础是危险责任理论与公共负担平等学说。结果责任理论认为，随着社会的不断发展，政府的权力不断扩张，因公务活动侵害公民、法人和其他组织合法权益的风险也随之增大，在过错责任原则下，如果公务人员没有过错则受害人的损害无法得到合理救济，这显然与公平正义的法治观念不相符合。而根据公共负担平等学说，对于因公务活动造成个体的损害应当视为对整体社会的侵害，由社会共同承担，实现责任的社会化。因此，应当建立结果责任，在符合法律规定的情况下，以业已存在的损害结果作为评价标准，不论侵权人是否存在过错，均应当承担赔偿责任。该原则不以行为人的主观过错为责任的构成要件，行为人不得以其无过错为由而免除责任，只要发生了损害结果，无论国家机关及其工作人员是否违反法律规范，是否存在过错，国家都应当承担赔偿责任。但是需要注意的是，该原则仅指不考虑行为人的主观过错，受害人的主观过错仍可能构成加害人免除责任的法定事由。例如，受害人因作虚假供述或者伪造自身有罪证据而导致自己被判处刑罚，对于此种情形国家并不承担赔偿责任。实践中，结果责任原则主要适用于限制人身自由的逮捕和判决行为。

3. 过错责任原则

过错责任原则是指一般侵权行为引起的损害赔偿案件，应当由主观上有过错的一方承担赔偿责任。国家机关及其工作人员主观上的过错是侵权责任构成的基本要件之一，缺少这一要件，即使存在损害事实，国家也并不承担赔偿责任。需要注意的是，该原则"过错"的认定，应当以理性第三人的合理注意义务为标准。

（二）国家赔偿的构成要件

国家赔偿的构成要件是指在满足何种条件时由国家承担国家机关及其工作人员因执行职务侵害公民、法人或者其他组织合法权益的赔偿责任。在满足国家赔偿责任构成要件时，当事人请求国家赔偿的要求依法应当得到满足，赔偿义务机关不得拒绝履行赔偿义务；在不具备国家赔偿责任构成要件的情况下，国家赔偿义务机关有权拒绝赔偿。

1. 主体要件

侵权行为的主体为国家机关及其工作人员，法律法规授权的组织或者国家机关委托的组织及个人也应当包括其中。如前所述，上述主体实施的职权行为代表国家意志，国家应当承担赔偿责任。

2. 行为要件

国家只对国家机关及其工作人员的职务侵权行为承担赔偿责任，因此如何界定职务行为便显得尤为重要。首先，国家机关及其工作人员根据法律赋予的职责权限实施的行为应当认定为执行职务行为，这是因为建立在职权基础上的行为不可能由普通人实施。其次，职务行为的目的通常是实现法定职责和义务，通常是维护公共利益而非个人利益。最后，对职权行为进行界定还可以考虑名义上的标准。行为人通过出示工作证件等方式以国家机关工作人员的身份和名义实施的行为通常可认定为执行职务行为。需要注意的是，对职权行为的判断标准并非单一的，应当结合上述标准进行综合判断。

3. 损害结果要件

罗马法谚有云："无损害即无需赔偿。"国家赔偿法的立法目的即对在国家职权行为中合法权益遭受损害的公民、法人或者其他组织予以赔偿，因此损害结果是国家赔偿的必备要件。对于损害结果需要注意的是，损害必须具备现实性、确定性和特定性。现实性和确定性是指损害必须是已经发生的或者虽尚未发生但是可以确定必然会发生的损害，而非尚不确定或者想象中的损害。损害的特定性是指并非所有的损害结果国家均承担赔偿责任，只有在损害结果符合法律的特别规定时，国家才承担赔偿责任。

4. 因果关系要件

国家赔偿中的因果关系要件要解决的是国家机关及其工作人员的职权行为与受害人损害结果之间是否有因果关系的问题。国家赔偿法中，因果关系的认定较为复杂，理论上始终存在争议，其中较为有代表性的学说为直接因果关系说。该学说认为，所谓直接因果关系，是指行为与结果之间在逻辑上有着直接的关系，其中行为并不要求是结果的必然或者根本原因，而仅仅是导致结果发生的一个比较重要的原因。至于该行为在多大程度上导致了结果的发生，需要法官结合具体的案件予以判断。[1]

---

[1] 参见皮纯协、冯军主编《国家赔偿法释论》，中国法制出版社2010年版，第91页。

（三）行政赔偿

行政赔偿是指国家对行政机关及其工作人员在行使职权的过程中侵犯公民、法人或者其他组织合法权益并造成损害的行为予以赔偿的制度。行政赔偿主要包含以下几个核心构成。

1. 行政赔偿范围

行政赔偿范围是指行政机关及其工作人员的哪些侵益行为会引起国家的赔偿责任。

一是侵犯人身权的行为。侵犯人身权主要指侵犯公民的人身自由权和生命健康权。对于行政机关采取行政拘留、限制人身自由的行政强制措施、非法拘禁或者以其他方法非法剥夺公民人身自由的行为，构成对公民人身自由权的侵害，国家应当对此承担赔偿责任。侵犯生命健康权的行为主要是暴力致受害人伤亡的行为，既包括行政机关工作人员的暴力行为，也包括行政机关工作人员唆使或者放纵他人实施的暴力行为，对此受害人均有权请求国家予以赔偿。

二是侵犯财产权的行为。因实施行政行为侵犯公民、法人或者其他组织财产权的情况主要包括以下几种：违法实施罚款等行政处罚的，违法对财产采取查封、扣押、冻结等行政强制措施的，违反国家规定征收财物的，以及造成财产损害的其他违法行为。

三是行政赔偿的免责范围。行政赔偿的免责范围是指在法定情况下，即使存在损害后果，但由于法律的特殊规定而免除国家的赔偿责任。根据我国国家赔偿法的规定，免责事由包括三个：属于行政机关工作人员个人行为的，因受害人自身原因导致损害发生的，以及法律规定的其他情形。

2. 行政赔偿请求人和赔偿义务机关

行政赔偿请求人是指依法享有取得国家赔偿的权利，请求赔偿义务机关确认和履行国家赔偿责任的公民、法人或者其他组织。公民作为行政赔偿请求人的情况分为三种：一是受害的公民本人；二是当受害公民本人死亡时，其继承人或者有抚养关系的亲属，可以成为行政赔偿请求人；三是受害的公民为限制行为能力或者无行为能力人的，其法定代理人可以代为行使行政赔偿请求权。自身合法权益遭受损害的法人或者其他组织通常作为行政赔偿请求人，受害的法人或者其他组织终止的，由承受其权利的法人或者其他组织作为请求主体。

行政赔偿义务机关是指代表国家处理赔偿请求、支付赔偿费用、参加赔偿诉讼的行政机关。一般行政赔偿义务机关为作出侵权行为的行政机关，对于两个以上行政机关共同行使职权侵犯受害人合法权益的，由共同侵权的行政机关一并为共同赔偿义务机关。对于法律法规授权的组织在行使职权时侵犯受害人合法权益，该组织为赔偿义务机关；对于接受委托而行使职权的组织或者个人侵犯受害人合法权益的，由委托的行政机关为赔偿义务机关。若实施侵权行为的行政机关被撤销，则继续行使其职权的行政机关为赔偿义务机关；若没有继续行使其职权的行政机关，则撤销该机关的行政机关为赔偿义务机关。经过复议机关复议的，由最初造成侵权行为的行政机关作为赔偿义务机关；但是复议机关的复议决定加重损害的，由复议机关对加重的部分履行赔偿义务，值得注意的是，此时原机关与复议机关并非共同赔偿义务机关，两者并非连带责任。

3. 行政赔偿程序

一是在行政复议程序或者行政诉讼程序中一并提出赔偿请求。当事人认为行政主体侵犯其合法权益,可以通过行政复议程序或者通过司法途径提起行政诉讼请求予以救济。在行政复议或者行政诉讼过程中,当事人可以一并提出赔偿要求,由复议机关或者法院作出是否赔偿的决定。在这种情况下,行政赔偿并无单独的赔偿程序,而是按照行政复议和行政诉讼的有关规定进行。

二是单独提出赔偿请求的处理程序。赔偿请求人应当以口头或者书面的形式向赔偿义务机关提出赔偿请求。赔偿义务机关在收到赔偿请求后,应当在两个月内作出决定,并自作出决定之日起十日内送达请求人。经过先行处理程序后,如果当事人对行政赔偿义务机关的决定满意,则进入执行程序;如果不满意,当事人可单独提起行政诉讼,请求司法予以救济。

(四)司法赔偿

司法赔偿指国家司法机关及其工作人员在行使司法职权过程中,违法侵犯公民、法人和其他组织的合法权益造成损害的,国家依法向受害人予以赔偿的制度。司法赔偿又可分为刑事赔偿和其他司法赔偿。

1. 司法赔偿的范围

司法赔偿中主要是刑事司法赔偿,刑事司法赔偿的范围具体包括侵犯人身权的刑事赔偿和侵犯财产权的刑事赔偿。根据《国家赔偿法》第十七条规定,侵犯人身权的司法赔偿包括以下五种情形:(1)错误刑事拘留和超期限刑事拘留。根据司法解释《关于办理刑事赔偿案件适用法律若干问题的解释》第五条的规定,因刑事拘留而引起的国家赔偿包括侦查机关因违反刑事诉讼法规定的条件和程序对公民采取拘留措施,此后并未追究刑事责任的,以及侦查机关并未违反刑事诉讼法关于条件和程序的规定，但是拘留期限超过刑事诉讼法规定的，对于以上两种情况国家应当承担赔偿责任。（2）采取逮捕措施后，决定撤销案件、不起诉或者判决宣告无罪终止追究刑事责任的。（3）依照审判监督程序再审改判无罪，原判刑罚已经执行。该种情形下，国家赔偿应当是人民法院作出错误判决对无罪的人处以刑罚，刑罚已经执行，同时错误判决经审判监督程序再审改判无罪。（4）刑讯逼供或者以殴打、虐待等行为或者唆使、放纵他人以殴打、虐待等行为造成公民身体伤害或者死亡的。国家承担此类赔偿责任，应当是实施此类行为的主体是司法机关工作人员，此类行为必须与职权的行使有一定的关联性，同时必须造成公民人身伤亡的后果。（5）违法使用武器、警械造成公民身体伤害、死亡的。根据《国家赔偿法》第十八条的规定，刑事赔偿中关于侵犯财产权的情形包括两种：一是违法对财产采取查封、扣押、冻结、追缴等措施的；二是依照审判监督程序再审改判无罪，原判罚金、没收财产已经执行的。此外，根据《国家赔偿法》第十九条，刑事司法赔偿的例外主要有以下三种情形：一是公民自身故意作虚伪供述或者伪造其他有罪证据被羁押或者被判处刑罚的；二是司法机关工作人员行使与职权无关的个人行为；三是因公民自伤、自残等故意行为致使损害发生的。

2. 司法赔偿请求人和赔偿义务机关

司法赔偿请求人是指因司法机关及其工作人员行使职权侵害其合法权益，依法有权提起司法赔偿请求的人。根据国家赔偿法的规定，司法赔偿请求人的确定规则同行政赔偿的有关规定。

司法赔偿义务机关的确定视以下几种情况而定：一是违法采取拘留措施的机关为赔偿义务机关。根据我国法律规定，有权作出刑事拘留决定的机关为公安机关（包括国家安全机关和军队保卫部门）和人民检察院。需要注意的是，拘留时间超过法定期限的赔偿案件，赔偿义务机关为作出拘留决定的机关。二是作出错误逮捕决定的机关为赔偿义务机关。在我国，有权作出逮捕决定的机关为人民检察院和人民法院。若是先由公安机关采取刑事拘留措施，随后检察院或者法院又采取逮捕措施，需要国家承担赔偿责任的，根据司法解释的有关规定，由作出逮捕决定的机关为赔偿义务机关。三是作出错误的原生效判决的人民法院作为赔偿义务机关。原一审人民法院作出判决后案件未经上诉、抗诉，判决生效，此时一审法院即为赔偿义务机关。若一审法院作出判决后因上诉、抗诉等原因最终由二审法院作出生效判决，无论是维持原判还是改判，赔偿义务机关均为二审法院。四是作出错误的一审有罪判决的人民法院作为赔偿义务机关。根据《国家赔偿法》第二十一条第四款的规定，二审改判无罪的，以及二审发回重审后作无罪处理的，作出一审有罪判决的人民法院为赔偿义务机关。五是实施其他侵权行为的刑事司法机关作为赔偿义务机关。《国家赔偿法》第二十一条第一款规定，行使侦查、检察、审判职权的机关以及看守所、监狱管理机关及其工作人员在行使职权时侵犯公民、法人和其他组织的合法权益造成损害的，该机关为赔偿义务机关。六是在民事、行政诉讼中实施侵权行为的人民法院作为赔偿义务机关。根据《国家赔偿法》第三十八条规定，对于法院在民事、行政诉讼过程中，违法采取对妨害诉讼的强制措施、保全措施或者对判决、裁定及其他生效法律文书执行错误，造成公民、法人或者其他组织损害的，应当根据"侵权者负责"的原则，由实施侵权行为的人民法院作为赔偿义务机关。

（五）追偿制度

《国家赔偿法》第十六条规定："赔偿义务机关赔偿损失后，应当责令有故意或者重大过失的工作人员或者受委托的组织或者个人承担部分或者全部赔偿费用。对有故意或者重大过失的责任人员，有关机关应当依法给予处分；构成犯罪的，应当依法追究刑事责任。"第三十一条规定："赔偿义务机关赔偿后，应当向有下列情形之一的工作人员追偿部分或者全部赔偿费用：（一）有本法第十七条第四项、第五项规定情形的；（二）在处理案件中有贪污受贿，徇私舞弊，枉法裁判行为的。对有前款规定情形的责任人员，有关机关应当依法给予处分；构成犯罪的，应当依法追究刑事责任。"根据上述规定，国家机关向工作人员追偿应当具备以下条件：

第一，受害人的损害必须是由该机关工作人员在执行职务中造成的。该条件是向工作人员进行追偿的前提条件，要满足这一条件需要注意两个方面：一是该工作人员的行为必须是执行职务行为；二是该工作人员的行为与损害结果之间应当具备因果关系。在实践中，一个行为往往是由数个工作人员共同完成的，因此应当注意查明责任主体以及相应主体责任的大小。

第二，该工作人员主观上是故意或者存在重大过失。（1）对于"故意"的认定。所谓"故意"，是指公务人员明知自己违法行使职权会导致公民、法人或者其他组织的合法权益遭受损害，却希望或者放任该损害结果发生的心理态度。对于"故意"的认定，需要注意的是并非只有"希望"损害结果发生才构成"故意"，在很多情况下，工作人员只是对即将出现的损害结果采取"放任"态度，此时仍然应当认定工作人员主观上为"故意"。(2)对于"重大过失"的认定。对于"重大过失"的认定,学界尚无统一的观点。我们认为,所谓"重大过失",是指欠缺普通人应有的注意而产生的过失以及已经预见但是轻率地认为可以避免而产生的过失。

第三,工作人员所在的国家机关或者其他赔偿义务机关已经对请求权人履行了赔偿义务。追偿制度的本质就是为了弥补国家因赔偿而产生的损失,因此只有当赔偿义务机关已经对请求权人履行了赔偿义务,才能够行使追偿权,若赔偿义务机关尚未履行赔偿义务,则追偿权也就尚未产生,无法对责任人员行使追偿权。此外,根据《国家赔偿法》的规定,追偿权只能针对赔偿费用,若赔偿义务机关履行义务的方式并非支付赔偿费用,而是消除影响、赔礼道歉等,则赔偿义务机关也无法对责任人员进行追偿。

三 常见法律问题

(一)"轻罪重判"的赔偿

轻罪重判是指在刑事审判过程中,被告人被判处的刑罚经刑事审判监督程序改判为较轻的刑罚,并且被告人实际遭受的刑罚已超过改判后所判新刑罚的情况。从理论上讲,轻罪重判属于法院错判,如果无法通过执行回转弥补受害人损失,则国家应当予以赔偿。但是我国《国家赔偿法》第十七条规定,"行使侦查、检察、审判职权的机关以及看守所、监狱管理机关及其工作人员在行使职权时有下列侵犯人身权情形之一的,受害人有取得赔偿的权利:……(三)依照审判监督程序再审改判无罪,原判刑罚已经执行的"。可见,根据《国家赔偿法》的规定,只有"再审改判无罪"才予以赔偿,轻罪重判仍然是"有罪"判决,因此不予以赔偿。2016年初,最高人民法院、最高人民检察院发布《关于办理刑事赔偿案件适用法律若干问题的解释》,其中第六条规定"数罪并罚的案件经再审改判部分罪名不成立,监禁期限超出再审判决确定的刑期,公民对超期监禁申请国家赔偿的,应当决定予以赔偿"。根据该司法解释,至少有一类轻罪重判——数罪并罚的案件,只要"再审改判部分罪名不成立",便应当予以赔偿。由于法律与司法解释规定并不一致,因此实践中对于轻罪重判的赔偿与否便出现了一定的差异性。

受我国各地经济社会发展不平衡、司法人员司法能力差异、地方司法环境不同等多种因素影响,我国司法实践中依然存在"同案不同判"现象,但是对于上述轻罪重判的赔偿问题,显然不是由以上原因造成的,而是由国家赔偿法自身规定的模糊甚至矛盾造成的。同案同判,裁判尺度的统一,关乎司法公正,关乎公众对法律的信仰,兹事体大,这是现代法治社会应当恪守的一项基本原则,也是国家治理体系和治理能力现代化在司法领域的具体体现。[①]因此对于轻罪重判的案件应当实现裁判尺度的统一。

(二)国家赔偿中追偿制度的"休眠"

国家赔偿法中追偿制度的设置在于抑制国家机关工作人员违法行

---

① 参见贺小荣《法律适用分歧的解决方式与制度安排》,载《人民司法》2019年第31期,第20页。

使职权，弥补国家因赔偿而产生的损失。国家工作人员因个人存在故意或者重大过失而导致损害后果，若完全由国家承担赔偿责任，显然并不合理。所以，《国家赔偿法》第十六条和第三十一条规定了国家在承担赔偿责任后，对于因工作人员故意、重大过失或者徇私舞弊、枉法裁判等造成损失的，对责任人员进行追偿。但是实践中，追偿制度并没有实现有效运转，真正进行追偿的案例很少，导致国家追偿制度实际上陷入了"休眠"状态。[1]2010年财政部报送的审议稿《国家赔偿费用管理条例》中，有一条公开征求意见，明确有重大过失的公务人员，须承担国家赔偿费用的50%~100%，但最高不超过一年基本工资。尽管该条款曾一度被称为唤醒国家追偿制度的条款，但是最终2011年国务院颁布的《国家赔偿费用管理条例》中还是删除了这一规定。

根据国家赔偿法的相关规定，结合实践中制度运转的现状，国家追偿制度"休眠"的主要原因有两个：一是现行规定内容粗简，缺乏可操作性；二是赔偿义务机关缺乏追偿的主动性，怠于履行追偿义务。国家赔偿法仅从原则上提出了追偿要求，但是对于追偿方式、追偿标准以及责任形态等并未作出明确规定，因此实践中进行追偿较为困难。根据我国现行规定，追偿由赔偿义务机关事后进行。在行政赔偿领域，是由侵权机关作为赔偿义务机关。刑事赔偿领域的情况略显复杂，一般由最后作出错误判定的机关作为赔偿义务机关。可见，我国并未设立统一的追偿机关，而是采取分散的追偿模式，将赔偿和追偿事宜都

---

[1] 参见陈春龙《中国国家赔偿法律制度的确立、发展与健全——纪念〈中华人民共和国国家赔偿法〉颁布20周年》，载《哈尔滨工业大学学报》（社会科学版）2014年第5期，第33页。

交由相应侵权机关负责，但是这种模式不利于追偿的真正落地。在行政领域，多是由侵权机关自身对内部人员进行追偿，甚至本机关负责人也可能成为被追偿的对象，基于此，赔偿义务机关往往怠于履行追偿义务。而在刑事领域，由于案件可能经过公检法等多个机关，对于重大疑难案件还可能经过审判委员会讨论决定，因此刑事领域主要是集体责任。所以，无论是基于法不责众的考虑，还是顾虑到领导人员有未落实监督管理职责的责任，刑事赔偿领域的赔偿义务机关很难具有充足的动力启动追偿程序。由此，对于国家赔偿中的追偿制度，需要进一步加强研究，尽快推动落实。

（三）无罪羁押的国家赔偿

"羁押"是指为保障刑事诉讼程序顺利进行而对当事人采取的限制人身自由的强制措施。无罪羁押国家赔偿是对无罪而被羁押的受害人给予国家赔偿的制度，属于侵犯人身自由权的刑事赔偿范畴。目前《国家赔偿法》第十七条规定的违法刑事拘留赔偿、无罪逮捕赔偿、再审无罪赔偿，均以采取限制人身自由的强制措施为前提，以决定撤销案件、不起诉或者判决宣告无罪终止追究刑事责任为必要条件，其中违法刑事拘留赔偿还同时遵循违法归责原则。但是现行规定在逻辑上存在一定的矛盾。例如，国家赔偿法将超期拘留排除在违法拘留的范畴之外，并适用不同的赔偿标准。对于"违反刑事诉讼法的规定对公民采取拘留措施的"，采用违法归责原则，只要国家机关及其工作人员在实体上或者程序上违背了刑事诉讼法的相关规定，违法对当事人采取了拘留措施，国家就应当承担赔偿责任。而对于"超期羁押"，则采用结果归责原则，只有当犯罪嫌疑人、被告人被作无罪处理的，应当对超期拘留进行赔偿，反之则不存在赔偿问题。而在实践中，我国公安机关为侦破案件滥用三十天的拘留期限的情况依然存在，国家赔偿法的结果归责原则无疑会纵容该行为，不利于我国犯罪嫌疑人的人权保护。还比如，国家赔偿法对拘留赔偿的条件均以违法为前提，这也就意味着没有违反法律规定的拘留措施，即便犯罪嫌疑人、被告人最终被作无罪处理，也不存在赔偿问题，即将合法拘留排除在国家赔偿的范围之外。尽管作此规定其中存在一定的利益衡量，但是与采取结果归责原则的逮捕赔偿条件相比，两者除了在期限上存在一定的差异，对于损害当事人人身自由权而言并无本质上的差别，理应适用同样的赔偿条件。此外需要注意的是，对于逮捕的国家赔偿并未区分合法与非法，非法进行的逮捕，只要犯罪嫌疑人、被告人最终被定罪，就可以因定罪的结果而获得合法性，不产生赔偿问题，这在一定程度上也有违程序正义的基本精神。

（四）侵犯人身自由的赔偿标准

《国家赔偿法》第三十三条规定了对于侵犯公民人身自由的，每日赔偿金按照国家上年度职工日平均工资计算。第三十五条规定侵犯人身自由"造成严重后果的"，应当支付相应的精神损害抚慰金。因此，按照目前的法律规定，对于侵犯人身自由权的国家赔偿由上述两部分构成。但是这种统一"按照国家上年度职工日平均工资计算"的做法，实行"一刀切"的模式，在实践中往往很难实现预期的对受害人的赔偿作用。《国家赔偿法》第三十三条规定并没有体现出差异性，而实践中遇到的现实情况却千差万别。首先，我国各地经济发展水平差异较大，统一按照"国家标准"进行赔偿会造成实质上的不平等。其次，该规定没有考虑关押时间的长短以及国家机关工作人员的主观过错，对于关押时间长、工作人员存在故意或者重大过失的情形理应提高赔偿标准。再次，第三十三条所规定的赔偿标准较低，以日平均工资作为赔偿标准，容易被当事人作为"误工补偿金"，无法满足通过赔偿金来平衡当事人被害心理，化解对立矛盾的目的。最后，国家赔偿法中关于赔偿金的规定没有考虑到受害人为平反冤案、请求赔偿所支出的合理费用，不利于案结事了和息诉罢访。

（五）行政赔偿违法归责原则

2010年国家赔偿法修改后，国家赔偿的归责原则发生了变化，但是在行政赔偿中，仍以违法归责原则为主。违法归责原则在我国国家赔偿制度建立之初具有其合理性，例如有利于国家赔偿义务机关的审查和判断，有利于控制国家赔偿的范围和数量等，然而随着实践的发展，违法归责原则的缺点逐渐暴露出来。国家赔偿的首要目的在于对受到公权力侵害的公民、法人和其他组织予以赔偿，而按照违法归责原则，赔偿义务机关的聚焦点在于审查行政行为的合法性，反倒忽视了公民、法人和其他组织的合法权益。而且，对行政行为合法性进行审查的部门通常是赔偿义务机关的内设部门，由于违法归责原则的违法性评价，赔偿义务机关一般而言总是更愿意寻找可以不予赔偿的理由而不是从受害人受到损害的角度去考虑问题，因此往往会作出不利于当事人的决定。此外，违法归责原则在现行国家赔偿法中适用于积极的行使职权行为，对于消极行政行为、不作为的形式导致的受害人的损害是否可以以违法归责原则进行判定在司法实践中容易引起争议，从而导致这类不作为引发的损害可能被排除在国家赔偿责任范围之外。

同样，实践中对于裁量行政行为或者不当行政行为也很难作出赔偿决定。因为违法归责原则要求行政行为存在违法要素，而不合理的行政行为因其自身并无违法要素，无法以违法加以评判，因此不存在国家赔偿责任，受害人就可能因此遭受不公平结果。

重大行政决策
程序暂行条例

第九讲
CHAPTER 9

CHAPTER 9

第九讲 **重大行政决策程序暂行条例**

　　重大行政决策往往对经济社会发展有重大影响，涉及重大公共利益或者社会公众切身利益，事关改革发展稳定大局。重大行政决策程序暂行条例通过规范重大行政决策程序制度，引导广大群众广泛有序参与政府决策，让重大行政决策过程成为集思广益、凝聚共识的过程，能够有效增强重大行政决策的可行性、稳定性。规范重大行政决策程序，是建设法治国家、法治政府的必然要求，是完善中国特色社会主义法治体系、推进国家治理体系和治理能力现代化的重要举措。重大行政决策程序暂行条例就是作为推进依法行政、加强政府自身建设的一部行政立法。

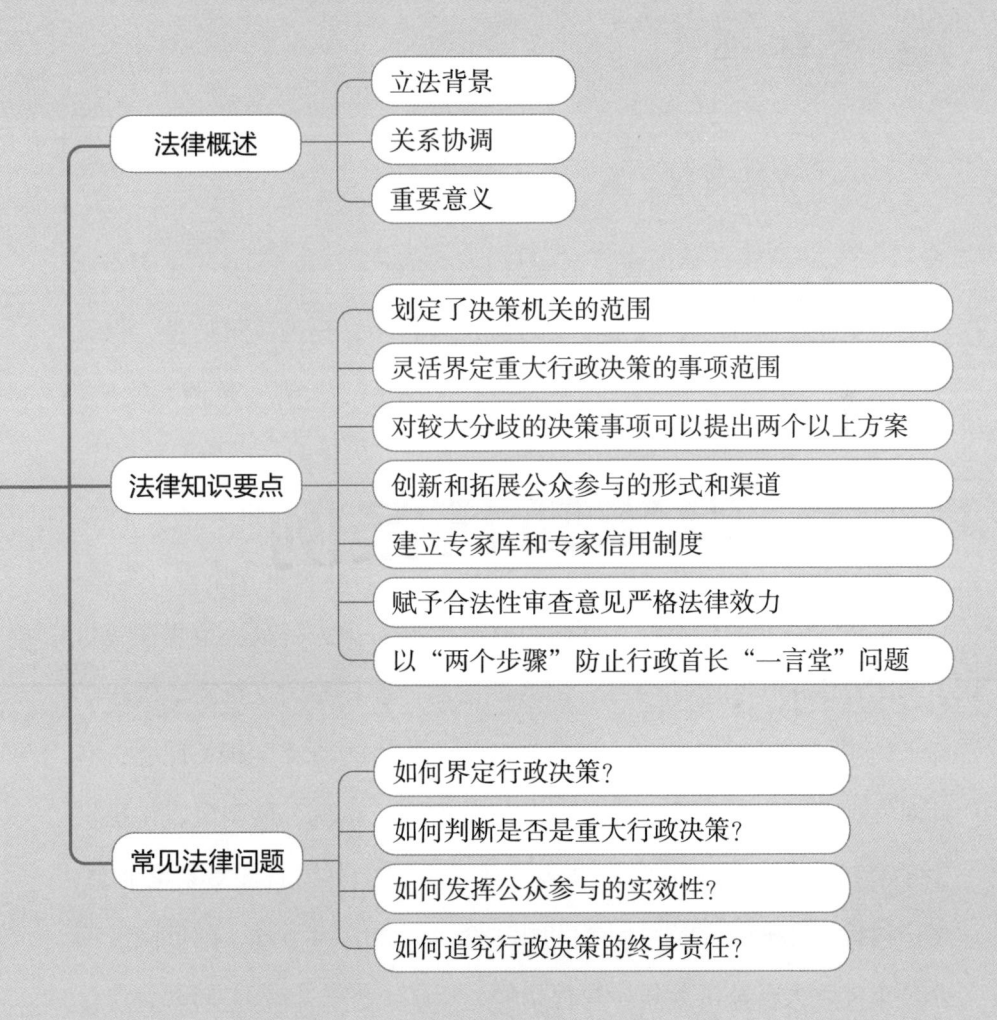

- 法律概述
  - 立法背景
  - 关系协调
  - 重要意义
- 法律知识要点
  - 划定了决策机关的范围
  - 灵活界定重大行政决策的事项范围
  - 对较大分歧的决策事项可以提出两个以上方案
  - 创新和拓展公众参与的形式和渠道
  - 建立专家库和专家信用制度
  - 赋予合法性审查意见严格法律效力
  - 以"两个步骤"防止行政首长"一言堂"问题
- 常见法律问题
  - 如何界定行政决策？
  - 如何判断是否是重大行政决策？
  - 如何发挥公众参与的实效性？
  - 如何追究行政决策的终身责任？

一 法律概述

（一）立法背景

《重大行政决策程序暂行条例》（以下简称《条例》）是为了健全科学民主依法决策机制，规范重大行政决策行为，提高决策质量，保证决策效率，加快推进法治政府建设进程而制定的法规。《条例》分6章共44条，对重大行政决策事项范围、重大行政决策的作出和调整程序、重大行政决策责任追究等方面作出了具体规定。

2013年6月，国务院法制办启动了《重大行政决策程序暂行条例》立法进程，并开始广泛深入调研，逐步形成《重大行政决策程序暂行条例（草案）》。2013年9月，国务院法制办委托原国家行政学院法学部承担了"行政机关领导人员依法决策意识调查研究"相关课题，有针对性地开展相关实证研究，课题成果为该《条例》的制定直接提供参考。2016年，国务院法制办多次就《条例》草案召开专家论证会，逐一讨论《条例》的立法结构和相关条文。2017年6月，国务院法制办公布《重大行政决策程序暂行条例（公开征求意见稿）》向社会广泛公开征求意见，并根据收集到的大量意见对《条例》草案进行了大量修改。2019年2月，司法部报经国务院同意后，经中央全面依法治国委员会第二次会议审议通过。并且在党中央、国务院的领导下，司法部经广泛深入调研，反复研究论证，多方面征求意见，形成了《条例》草案，报经国务院同意后，于2019年2月25日经中央全面依法治国委员会第二次会议审议通过。2019年4月20日，国务院公布了《重大行政决策程序暂行条例》，自2019年9月1日起施行。至此，该《条例》制定工作历经六年的酝酿、调研、起草、论证、审议和修改，终于破茧而出。

在《条例》制定过程中，曾经产生许多分歧和争议，主要包括：该法的适用主体如何确定、"重大行政决策"的范围如何界定、公众参与行政决策的实效性如何提高、专家论证的更大作用如何发挥、合法性审查的实质作用如何保障、行政决策中"一把手""一言堂"问题如何防止、行政决策中的"邻避"问题如何解决，等等。为了科学规定重大行政决策的程序制度，立法机关多次广泛征求相关部门、社会公众和专家学者的意见与建议，统筹兼顾公共利益与公民权益，逐步形成理论共识，协调处理多重关系，并遵循"决策—执行—监督"的权力运行逻辑进行制度建构，努力提高重大行政决策的合法性与可接受性。

（二）关系协调

《条例》的制度规定对我们行政决策中的关系协调提出了较高要求，它要求我们协调处理好如下六组关系。

1. 协调处理好行政决策机关与党委、人大、政协和其他组织的关系

从行政决策的主体来看，《条例》比较妥善地协调了行政决策机关与党委、人大、政协和其他组织的关系。[①]其一，《条例》强调党在行政

[①] 参见韩春晖《行政决策的多元困局及其立法应对》，载《政法论坛》2016年第3期。

决策中的领导核心作用。《条例》规定，重大行政决策必须坚持和加强党的全面领导，全面贯彻党的路线方针政策和决策部署，发挥党的领导核心作用，把党的领导贯彻到重大行政决策全过程。其中特别强调，重大行政决策出台前应当按照规定向同级党委请示报告。[①]其二，《条例》在重大行政决策事项范围的界定方面注重协调与人大的关系。在立法过程中，《条例》的意见稿曾将"编制国民经济和社会发展规划"和"编制财政预算"列举为"重大行政决策事项"。其中，"编制国民经济和社会发展规划"既可能包含行政决策权，也可能包含人大常委会的批准权。[②]而"编制财政预算"的事项在预算法中已经有规定，其审批权也归属于人民代表大会。因此，《条例》最终将这两类事项予以排除。其三，《条例》在重大行政决策运行机制的环节中重视协调与人大、政协和其他组织的关系。在决策启动环节，人大代表、政协委员可以通过建议、提案等方式提出决策事项建议；在决策后评估环节，决策机关应当注重吸收人大代表、政协委员、人民团体和其他组织参与评估。而且，《条例》还规定"重大行政决策"要接受本级人大及其常委会的监督。[③]

2. 协调处理好中央与地方的关系

《条例》比较好地处理好了地方自主权与上级监督权的关系。为了真正调动地方政府适用这一立法的主动性和积极性，《条例》授权地方行政决策机关可以结合职责权限和本地实际，确定决策事项目录、标

---

① 《重大行政决策程序暂行条例》第四条、第三十一条。
② 参见《中华人民共和国各级人民代表大会常务委员会监督法》第十七条、第二十条。
③ 《重大行政决策程序暂行条例》第八条、第十条、第三十六条。

准，经同级党委同意后向社会公布，并根据实际情况调整。①这一弹性规定实际上赋予了地方对于确定重大决策事项的自主权，同时这一权力也存在被滥用的风险。为了防范这一风险，《条例》又规定，上级行政机关应当加强对下级行政机关重大行政决策的监督。②可见，《条例》努力在两者之间维持一种良好的平衡。

3. 协调处理好《条例》与组织法的关系

行政首长负责制是我国政府工作机制的基本制度之一，我国的政府组织法对行政首长的职责作了比较明确的规定。《条例》规定，行政首长拟作出的决定与会议组成人员多数人的意见不一致的，应当在会上说明理由。③这一规定一方面尊重了我国政府组织法所规定的行政首长负责制，允许行政首长作出与多数人意见不一致的行政决策。另一方面为了防止行政首长以此为由滥权，异化为"行政首长专权制"，《条例》又规定了行政首长在会上说明理由的义务，并且要求集体讨论决定情况应当如实记录，不同意见应当如实载明。④这一规定为错误决策的责任追究制度形成案卷依据。⑤

4. 协调处理好保护公共利益与避免"邻避现象"的关系

法律重在调整利益。《条例》从决策启动、公众参与、决策执行和调整、决策后评估整个过程都注重保障公共利益和公民切身利益不受侵犯。但是，有些情形下，科学依法民主作出的决策仍然会受到极少

---

① 《重大行政决策程序暂行条例》第三条。
② 《重大行政决策程序暂行条例》第八条。
③ 《重大行政决策程序暂行条例》第三十条。
④ 《重大行政决策程序暂行条例》第三十条。
⑤ 《重大行政决策程序暂行条例》第三十八条规定，决策机关集体讨论决策草案时，有关人员对严重失误的决策表示不同意见的，按照规定减免责任。

数人的强烈反对，形成"邻避现象"，导致行政决策无法得到执行。[①]对这种"邻避现象"中的当事人，应当仔细分析和认真判读其利益是否合理，是否属于公共利益，并在具体工作中加强劝导、说明、教育等疏导协调性工作，争取公众理解支持。《条例》第十四条规定，决策事项涉及特定群体利益的，决策承办单位应当与相关人民团体、社会组织以及群众代表进行沟通协商，充分听取相关群体的意见建议。这就是为了避免这一现象所作的规定。当然，在立法过程中，我们还曾建议《条例》应当对"邻避现象"给予更加积极主动的回应，规定一些主动性的预防措施。比如，可以规定"决策机关要采取合法有效的沟通方式，有针对性地做好少数利害关系人的思想工作"。

5. 协调处理好重大行政决策与非重大行政决策的关系

在《条例》中，重大行政决策的范围是核心问题，是决定这一立法成败的关键所在。如果重大决策事项范围过宽，程序性规定又严格，很可能导致决策机关为了行政效率规避一些程序性义务。如果重大决策事项范围过窄，又可能导致该《条例》无法实现旨在规范行政决策行为的初衷。《条例》第三条第一款第五项兜底性规定了"重大决策事项"的标准为"决定对经济社会发展有重大影响、涉及重大公共利益或者社会公众切身利益的其他重大事项"。

在立法过程中，《条例》的意见稿曾将"地方投资建设项目"和

[①] "邻避现象"，是指在行政决策过程中，由于利益相关的少数人强烈反对导致符合多数人福祉的决策难以作出或者难以执行的情境。这一概念的英文为NIMBY，是Not In My Back Yard的缩写。该词本身源于一个经典场景：某一社区的居民很容易对于安装垃圾箱的方案形成高度共识，却很难对垃圾箱装在社区中什么位置形成基本共识，因为每个居民都不希望垃圾箱在自己后院，也就是Not In My Back Yard。See Carissa Schively, Understanding the NIMBY and LULU Phenomena: Reassessing Our Knowledge Base and Informing Future Research, *Journal of Planning Literature*, 21(3), 2007. p.255.

"处置国有资产事项"列举为"重大行政决策事项"。考虑到各级地方政府此类事项普遍很多，而且如果无论大小都必须适用《条例》，最终会导致行政决策机关疲于应对，因而在《条例》中予以删除。可见，《条例》的现行规定较好地解决了"重大行政决策"与"非重大行政决策"的关系。

6. 协调处理好行政决策程序的刚性与弹性的关系

程序的刚性与弹性的关系问题，展示的是公正与效率两种价值取向的取舍问题，它是所有程序性立法工作的核心。鉴于实践中行政决策事项非常繁多，差异巨大，不同情形下对准确性、时效性和保密性要求各有差别，因此，行政决策程序的设计在保证一定刚性的同时，也应当具有一定弹性，赋予行政决策机关一定的程序选择权。《条例》实际上将专家论证、风险评估规定为部分行政决策的可选择性环节，由决策机关根据实际情况自行选择。比如，对"专业性、技术性较强的决策事项"应当进行专家论证；对"可能对社会稳定、公共安全等方面造成不利影响的"重大行政决策应当进行风险评估。[①]但是，《条例》将合法性审查和集体讨论两个程序环节规定为刚性的必经程序。总体来看，这种规定比较好地处理好了程序的刚性与弹性之间的关系。

当然，在立法过程中，《条例》的意见稿曾经规定，启动四类比较重大事项的决策程序需要由"常务会议或者全体会议讨论决定"。在征求专家意见过程中，许多专家都认为这种高度刚性的决策启动程序极大地削弱了行政效率，因此《条例》最终没有规定这一程序。[②]

---

① 《重大行政决策程序暂行条例》第十九条、第二十二条。
② 2017年5月，国务院法制办主持召开了关于《重大行政决策程序暂行条例（草案）》的小型专家论证会。在会上，有的专家对该问题提出了如上建议。

（三）重要意义

《条例》的出台是推进我国法治政府建设的重要步骤，它不仅回应解决了法治实践中的具体问题，而且着眼于全面依法治国的总体大局，通过对行政决策这一源头性行政权的治理对法治政府建设发挥"以点带面"的杠杆功能和牵引作用，具有非常重大的法治意义。

1. 推进行政决策的法治化

行政决策权是一种涵括事项繁多、涉及领域广泛、社会影响重大的行政权力，是现代国家治理的重要手段。世界各国法治经验已经表明，促进行政决策机制的根本性变革，必须以程序立法来推动行政决策的法治化，别无他途。此前，在行政执法领域中，我们已经制定了《行政处罚法》《行政许可法》《行政强制法》等一系列法律，基本建成了行政执行法的基本体系；在行政救济领域，我们也早已制定了《行政复议法》《行政诉讼法》《国家赔偿法》等一系列法律，基本建成了行政救济法的基本体系。但是，在行政决策领域，我们非但没有一部基础性的法律，也没有一部基础性的行政法规，与其他行政领域相比非常滞后，严重制约了我国行政决策机制的变革。《条例》的颁布和实施，在国家层面填补了行政决策制度体系的空白，是推动行政决策机制法治变革的"制度抓手"和"实践路径"，标志着我国行政决策权向法治化方向迈出了"重要一步"。它是实现国家治理体系现代化的必然要求，更是最终建成法治中国的必由之路。它旨在解决如下五个方面的具体问题：

（1）行政决策权力被滥用。在当前法治实践中，行政决策权缺乏法律规范，大量存在"一把手"在决策中独断专行的"一言堂"问题。

有些领导干部在决策中不注重发挥专家作用，不充分听取公众意见，不尊重客观规律，不坚守法治底线，以个人的"一支笔"替代集体讨论，从政绩出发而非从民生出发来作决策，往往导致大量劳民伤财的"政绩工程"和脱离实际的"形象工程"。

（2）行政决策程序不规范。目前，我国关于行政决策程序的法律非常缺乏，只有《环境影响评价法》《国有土地上房屋征收与补偿条例》《国务院工作规则》等少数法律法规涉及具体的重大行政决策的程序问题。各级政府关于行使行政决策权的程序性制度也很不健全，而且不同政府之间的规定差异很大。这导致在行政决策实践中，各级地方政府作出行政决策的程序很不统一，非常容易导致决策相对方挑战决策程序合法性，进而质疑决策本身的合法性。

（3）行政决策的民主性、科学性和合法性不足。在实践中，有些涉及公众切身利益的行政决策没有充分听取相对方意见，没有准确把握百姓的诉求，公众参与决策的途径比较单一，公众参与决策的深度不够，公众参与的效果不好。少数领导干部"闭门决策"的做法，往往引发公众的反对，甚至酿成群体性事件。有些专业性很强的行政决策没有可靠的科学依据，没有经过充分的专家论证，或者有偏好地选择专家进行论证，或者左右专家论证意见，把个人偏好凌驾于科学论据之上，由少数领导自己"拍脑袋决策"，往往导致重大决策失误。还有些行政决策没有上位的法律依据，没有遵循决策的法定权限，没有坚守法治的底线，没有依照基本的决策程序，由少数领导主导进行"走过场式决策"，往往导致侵犯公民合法权益。

（4）许多行政决策"决而难行"，甚至"未决先反"。在实践中，一些符合公共利益且合法作出的重大决策却往往因为群众的极力反对难以执行。更为严重的情形是"未决先反",有些项目还只是有提案,决策还未真正启动,就遭到了民众的强烈反对导致"流产"[①],甚至酿成群体性事件。此类情形不仅导致一些有利于地方长远发展的项目被无限期搁置,而且极大地损害了决策主体的工作积极性。

(5)大量行政决策中"责任虚置""有权无责"。在实践中,有些重大失误的决策往往是少数领导"一言堂"所造成,但他们往往通过以"集体责任"为名规避责任,导致参与决策的成员都不承担责任,形成"责任虚置"的状况。目前为止,仍然极少有领导干部因为决策失误被追究责任。此外,在很多行政决策中专家意见对决策结果产生了重大影响,有的专家较为随心所欲地发言,没有专业知识为依据,没有科学论证为基础,往往对公众形成一定的误导,却没有相应的责任,基本上处于"有权无责"的状况。还有,在"少数人反对多数人买单"的决策事件中,少数人已经事实上成为最大的决策主体,可是他们享有的权利和收益是没有任何责任可对应的,同样是另一种"有权无责"。

2. 提高政府的公信力

政府公信力的缺失和不足是行政决策"决而难行",甚至"未决先反"现象的根本原因。《条例》的出台向社会大众表达一种"把行政决策权关进制度的笼子里"的决心和信念,实质上是建立一种官民之间"基于制度的信任"。而且,《条例》规定了"决策启动""公众参与""专家论证""风险评估""合法性审查""集体讨论决定""决策执行和调整"等一系列程序环节,社会公众在每一程序环节都可参与其中表达意见,这一多元渐进的行政决策机制本身也有助于提升政府

---

① 参见《关于〈重大行政决策程序条例(征求意见稿)〉的说明》。

的公信力。

3. 提高决策的科学性

行政决策水平低不仅影响到政府的公信力，而且还形成政府资源的浪费。重大行政决策程序立法，可以纠正行政决策实践中专家意见不被尊重、专家论证不客观以及专家责任不明确等问题，切实提高专家论证的客观性、中立性和科学性。其实，行政决策程序立法可以建立制度化的途径和渠道，使得行政知识、生活知识、技术知识、法律知识和价值知识都能充分地输入决策过程，形成基于多种知识的综合理性，提高了科学决策的水平。

4. 增强决策的可执行性

重大行政决策程序立法以"程序"为中心进行制度建设，在具体制度中贯彻"任何人不得做自己的法官""任何处分之前听取意见"等程序正义的理念，通过输入程序合法性来补充行政决策实体合法性。这种程序使得相对方在内心更容易接受某一行政决策，增强了决策的可执行性。因为，"程序不是次要的事情，随着政府权力持续不断的增长，只有依靠程序公正，权力才可能变得让人能容忍"[1]。

5. 维护权力的廉洁性

在现代国家治理中，决策腐败危害非常巨大。它不仅腐蚀领导干部，玷污权力的廉洁性，还会给国家、社会和百姓造成重大的损害。重大行政决策程序立法，可以通过对行政决策权的程序控制，有效防范行政决策主体和其他相关人产生不正当的利益关联。

---

[1] 〔英〕威廉·韦德：《行政法》，徐炳译，中国大百科全书出版社1997年版，第94页。

6. 防范不当决策的法律风险

责任是权力的本质属性，有权力就必有责任。一方面，重大行政决策程序立法使得领导干部在具体决策过程中有法可依，避免了无据决策、无端决策和无章决策，避免了行政决策权的恣意和不规范，避免了被追究相应法律责任的风险；另一方面，重大行政决策程序立法关于法律责任的规定，为确定行政决策中各方参与人的相应法律责任提供了直接依据，避免了"责任替代化"、"责任扩大化"或者"责任模糊化"。

二 法律知识要点

（一）划定了决策机关的范围

《条例》第二条将"决策机关"划定为"县级以上地方人民政府"。这意味着它排除了国务院、乡级政府和政府部门。将国务院从适用主体中予以排除的理由主要有二：一是《国务院工作规则》已经对重大决策的程序有了一些规定；[①] 二是在现行的政治体制中尚无法对国务院进行责任追究，将其纳入为适用主体会造成《条例》实施困难，反而影响《条例》法律权威性。将乡级政府从适用主体中予以排除的理由是：在实践中乡政府几乎没有重大决策权，几乎全是执行权。而且，即便有些乡级政府可能享有少量的决策权，《条例》也可通过规定"参照适

[①] 参见《国务院工作规则》第二十一至二十五条。

用"的法律技术予以解决。① 将政府部门从适用主体中予以排除的理由是：政府所处理的事务是全面性的，部门则主要是某一方面的社会事务，两者所做决策的重大程度有显著区别；而且，部门的决策在具体问题的处理上技术性较强，公众参与在很多决策中的意义薄弱。因此，对这两类主体的行政决策规定同等程序要求不科学。

（二）灵活界定重大行政决策的事项范围

《条例》第三条对重大决策事项的范围采取了"列举＋概括＋排除＋目录"的立法技术。在当前重大行政决策概念认识较为模糊的背景下，"肯定性列举"的作用是最直接的，且不可或缺。但要及时应对未来的行政决策新变化，"概括性规定"也必不可少。"目录"的方式主要解决地方自主性的问题，"排除"的方式则主要解决一般法和特别法的关系问题。② 当然，这一立法技术也综合考量了实证调研的结果。

（三）对较大分歧的决策事项可以提出两个以上方案

《条例》第十二条第四款规定："有关方面对决策事项存在较大分歧的，决策承办单位可以提出两个以上方案。"这一规定包含两个要点：一是"存在较大分歧"的决策；二是"可以"提出两个以上方案，不是"必须"。其优点有二：一是两个以上方案为决策主体提供了选择余地，有助于保障不同意见方的利益；二是两个以上方案之间的比较

---

① 参见《重大行政决策程序暂行条例》第四十二条。
② 参见韩春晖《行政决策的多元困局及其立法应对》，载《政法论坛》2016年第3期。

取舍，有助于提高行政决策水平。

（四）创新和拓展公众参与的形式和渠道

《条例》第十四条规定了座谈会、听证会、实地走访、书面征求意见、向社会公开征求意见、问卷调查、民意调查等多种听取意见方式。第十五条规定了通过政府网站、政务新媒体以及报刊、广播、电视等便于社会公众知晓的途径向公众征求意见。这些制度创新基本上是对立法调研情况的立法回应。在法治实践中，传统的听证会和座谈会等形式往往流于形式，难以发挥公正参与的实效性。特别是在拆迁补偿领域，听证会往往沦为政府和拆迁户之间的"对抗会"。这种形势催促着我们必须探索更加有效的公众参与形式和渠道。

（五）建立专家库和专家信用制度

《条例》第二十一条规定，省、自治区、直辖市人民政府应当建立决策咨询论证专家库，规范专家库的运行管理制度，健全专家诚信考核和退出机制。这是提高和保障专家论证客观性和公正性的重要制度设计。

（六）赋予合法性审查意见严格法律效力

《条例》第二十五条第二款规定："决策草案未经合法性审查或者经审查不合法的，不得提交决策机关讨论。"这一规定赋予了合法性审查意见一种严格法律效力，是对当前实践中合法性审查往往流于形式的法律纠正。

（七）以"两个步骤"防止行政首长"一言堂"问题

《条例》第三十条规定了行政决策的集体讨论程序。这一制度设计旨在防止"一把手"在行政决策中"一言堂"的问题，进而产生许多政绩项目和形象工程。这一制度设计包含"两个步骤"：第一步，对于集体讨论的基本形式予以具体化，必须经"常务会议或者全体会议"讨论；第二步，对于集体讨论的内部规则予以细致化，要求行政首长最后发表意见，并且对讨论情况和不同意见都如实记录和载明。其中，步骤一是民主集中制原则的基本要求。依据现行法律规定，一般行政事务可以由行政首长直接决定；对于重大行政决策，则应当通过常务会议或全体会议讨论决定。步骤二的理性基础则在于"三个臭皮匠，抵过诸葛亮"。[①]可见，重视、尊重和保护多方意见的程序设计是这一规定的主导价值取向。

三 常见法律问题

（一）如何界定行政决策？

这是立法过程中遭遇的首要问题，也将是《条例》实施中遭遇的前提问题。"行政决策"这一概念源于行政学，并非纯粹的法学概念。在行政学中，"行政决策"往往被视为一种以实现某一行政目标为导

---

① 参见韩春晖《行政决策的多元困局及其立法应对》，载《政法论坛》2016年第3期。

向对行动方案进行科学选择的过程。① 也就是说，行政决策本质是一种过程。这一点使得它与单一的行政决定和规范性文件有所区别。换言之，行政决策既不属于纯粹的具体行政行为，也不属于纯粹的抽象行政行为，而是由若干彼此独立但又相互联系的具体行政行为和抽象行政行为相耦合的过程。② 它可能具备具体行政行为和抽象行政行为双重属性。③ 而且在西方，对行政决策具体表现形式的法学研究和法律规制，重点是行政规划和行政计划。④ 这也导致我国法学研究者往往只见"行政规划"和"行政计划"，而不见"行政决策"。

行政决策的这一属性使得我们在现有法律技术上很难对它进行概念界定。因此，《条例》最终回避了这一立法难题，没有对"行政决策"进行概念界定。但对于已经有法可依的"政府立法决策"和"突发事件应急处置决策"予以排除适用。⑤ 由于没有明确概念界定，使得在法治实践中很多地方政府对一个事项是否属于行政决策把握不准。

---

① 王庆仁认为，"行政决策"是指一定的行政主体在履行行政管理职能时，根据客观情况和现实条件，运用科学的理论和方法，按照一定的程序，确立一定的行政目标，并寻求、确定一种最佳或最满意的行动方案的活动过程。赫思蒂（Hastie R.）认为，判断与决策是人类根据自己的愿望（效用、个人价值、目标、结果等）和信念（预期、知识、手段等）选择行动的过程。参见王庆仁《行政决策成本与行政成本决策》，载《中国行政管理》1997年第4期；Hastie R.（2001）.Problems for Judgment and Decision Making. *Annual Review of Psychology*，52：653-683.

② 参见湛中乐、高俊杰《作为"过程"的行政决策及其正当性逻辑》，载《苏州大学学报》（哲学社会科学版）2013年第5期。

③ 参见黄学贤、桂萍《重大行政决策之范围界定》，载《山东科技大学学报》（社会科学版）2013年第5期。

④ 参见茅铭晨《"行政决策"概念的证立及行为的刻画》，载《政治与法律》2017年第6期。

⑤ 参见《重大行政决策程序暂行条例》第三条第二款。

（二）如何判断是否是重大行政决策？

这是一个决策事项是否应当适用《条例》所规定程序的直接依据。长期以来，我国对决策是否"重大"的界定仅有定性分析，重大与否完全取决于决策者的主观判断。如何确定具有实操性的"重大"判断标准，一直是理论研究的一个热点和难题。比如，黄学贤教授等认为，应当从政治性、技术性、集体性、高成本性、全局性和综合性六个方面去判断是否属于"重大行政决策"。[①] 刘莘教授认为，应当从涉及利害关系人的范围广泛、决策后果具有长期性、实施成本巨大以及某些实践已经证明需要规制四个方面来判断是否属于"重大行政决策"。[②] 刘莘教授的观点被较多人认同。[③] 总体来看，学界普遍赞同采取综合考量各种因素去规定"重大"与否的判断标准。

显然，《条例》第三条的规定基本采纳这些理论共识。其中，一至四项列举规定的事项是"实践已经证明需要规制"的决策，第五项兜底规定是"涉及利害关系人范围广泛"和"决策后果具有长期性"的决策。唯有的不足是，对于某些可能"实施成本巨大"的决策事项没有规定，这可能在法治实践中造成判断的困难。

---

① 参见黄学贤、桂萍《重大行政决策之范围界定》，载《山东科技大学学报》(社会科学版) 2013年第5期。

② 参见刘莘主编《法治政府与行政决策、行政立法》，北京大学出版社2006年版，第86—87页。

③ 参见包玉秋《论重大行政决策的合法性审查》，载《党政干部学刊》2016年第12期。

（三）如何发挥公众参与的实效性？

从理论上来看，依据公众参与的广度、密度和深度来勾勒，可以建构出多种程度不同的公众参与模式。所谓"广度"，指公众参与的范围和方式，即那些特定主体可以参与行政决策的过程；所谓"密度"，是指参与代表的名额分配所代表的利益分布，在社会各阶层分配多寡的问题；所谓"深度"，是指各界的代表在行政决策中领域范围内的议题，能够参与到哪个具体阶段的问题。

对照来看，《条例》建构了一种最高程序的"公众参与"模式。其中，公众参与的"广度"包括"座谈会、听证会、实地走访、书面征求意见、向社会公开征求意见、问卷调查、民意调查等多种方式"和"政府网站、政务新媒体以及报刊、广播、电视等便于社会公众知晓的途径"；① 公众参与的"密度"包括"利害关系人、相关人民团体、社会组织以及群众代表"；② 公众参与的"深度"包括公众参与行政决策的集体讨论阶段和行政决策执行阶段。③ 但是，在法治实践中，对于不同的决策事项应当如何选择合适的公众参与方式，以实现最佳的公众参与效果，是一个普遍的难题。

（四）如何追究行政决策的终身责任？

党的十八届四中全会通过的《中共中央关于全面推进依法治国若

---

① 参见《重大行政决策程序暂行条例》第十四条、第十五条。
② 参见《重大行政决策程序暂行条例》第十四条、第十六条。
③ 参见《重大行政决策程序暂行条例》第三十五条第二款规定："公民、法人或者其他组织认为重大行政决策及其实施存在问题的，可以通过信件、电话、电子邮件等方式向决策机关或者决策执行单位提出意见建议。"

干重大问题的决定》(以下简称《决定》)明确提出,要建立重大决策终身责任追究制度。很快,这一问题成为《条例》制定过程中的理论热点问题。从法律技术上来分析,建立行政决策终身追责制存在着责任主体不清、问责范围不明、归责原则不统一、责任形式太繁杂、缺乏协调机制等难题。[1] 为此,行政决策终身追责制度的法治建构应当将责任主体厘定为"行政机关的领导干部",建立并细化客观化的归责标准,构建多元、合作的追责体系。[2]

《条例》第三十八至四十一条已经基本采纳了这些理论观点,大体构建了多元合作的追责体系。关于责任主体,《条例》规定为决策机关的"行政首长、负有责任的其他领导人员和直接责任人员"、决策承办单位和执行单位的"负有责任的领导人员和直接责任人员"以及"承担论证评估工作的专家、专业机构、社会组织"。关于追责主体,《条例》规定为"上一级行政机关"和"决策机关"。关于归责标准,《条例》具体表述为:"造成决策严重失误,或者依法应当及时作出决策但久拖不决,造成重大损失、恶劣影响的。"[3] 这一表述与党的十八届四中全会通过的《决定》规定一致,实际包括了过错归责、违法归责和结果归责三个归责原则,是一种多元性的归责体系。但是,这些标准还有待于在法治实践中进一步被细化、具体化且客观化,否则将导致行政决策的责任难以追究。[4] 此外,与终身追责相关的配套制度还很不健全,

---

[1] 孔祥稳:《重大行政决策终身问责制度的困境与出路》,载《行政论坛》2018年第1期。
[2] 韩春晖:《行政决策终身责任追究制的法律难题及其解决》,载《中国法学》2015年第6期。
[3] 参见《重大行政决策程序暂行条例》第三十八条。
[4] 参见韩春晖《行政决策终身责任追究制的法律难题及其解决》,载《中国法学》2015年第6期。

比如决策的全过程记录制度和后评估制度，各地开展情况很不理想。

总而言之，《重大行政决策程序暂行条例》的通过及其实施，是法治建设实践的需求，是社会转型时代的呼唤，是现代国家治理的必然。然而，行政决策的法制化并不必然意味着行政决策法治化的立即到来。更加重要的是，各级地方政府必须始终以一种敬畏之心来贯彻、奉行和实施《条例》。择其要点，必须始终坚持三点不动摇：一是坚持程序步骤完整不动摇。决策程序的完整性为决策结果提供了社会认同、知识技术、信任妥协，而最为重要的则在于政治自信的获得。当政府有足够的信心坚持决策的正当性时，决策的后续执行就不会成为大问题。二是坚持人民主体地位不动摇。任何决策都离不开公众的支持与接受，从某种意义上而言，片面重视科学性而忽视民主性的决策就不科学，片面重视行政性而忽视民主性的决策更不科学。三是坚持多元共治机制不动摇。在行政决策中，从行政首长到参与集体讨论的其他领导，从决策者到执行者和评估者，从风险评估者到合法性审查者和社会第三方，从政府官员到论证专家和社会公众，他们都只是多元决策主体的一方，没有任何主体具备垄断性的决策资源，决策结果应当是多元主体在程序步骤中逐步形成的最大共识。

政府信息公开条例

第十讲
CHAPTER 10

CHAPTER 10

第十讲 **政府信息公开条例**

政府信息公开对于促进经济增长、推进依法行政、实现人民的民主权利、治理腐败等具有重要的意义。根据政府信息公开制度，政府机关必须通过特定的方式和途径，主动向社会公开一些基本信息，如政府机关的名称、办公地址、工作职责、办事条件、对外窗口等。在主动公开的基本信息之外，公众需要获取某一方面信息的，可以向政府机关提出信息公开申请，政府机关必须在法定期限内作出处理。政府信息公开条例作为政府信息公开领域的重要行政法规，为政府信息公开工作提供了重要保障。

- 法律概述
  - 立法背景
  - 立法沿革
  - 立法目的
- 法律知识要点
  - 基本原则
  - 政府信息公开的启动
  - 政府信息公开的豁免
- 常见法律问题
  - 政府信息公开的救济制度是什么？
  - 如何规制政府信息公开的申请权、诉权滥用问题？
  - 如何有效利用政府信息公开方式？
  - 如何解决政府信息公开中的个人隐私保护问题？

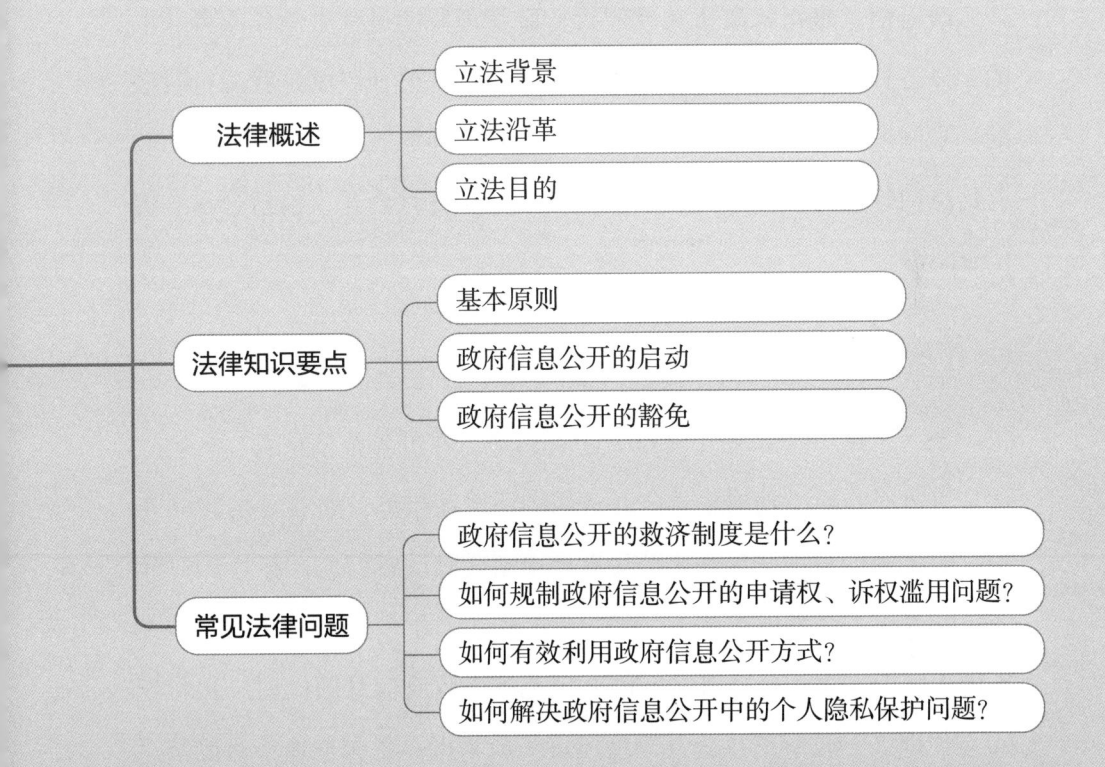

一 法律概述

政府信息是指行政机关在履行行政管理职能过程中制作或者获取的，以各种形式记录、保存的信息。政府信息公开制度是我国行政法的基本制度之一，指行政机关将履行行政管理职能过程中所形成的政府信息向特定行政相对人或向广大社会公众进行公开，包括公示、提供查阅等。

（一）立法背景

第一，顺应国际公开信息立法大趋势。在世界范围来看，各国立法及执政经验均呈现越来越公开透明的民主性趋势，如瑞典在1766年通过的《新闻自由法》规定公民有权申请获取政府信息，芬兰1951年制定的《官方文件发布法》、美国1966年制定的《信息公开法》，均在不同程度上规定了公民享有知晓一定范围内政府信息的权利。20世纪90年代以来，政府信息公开制度已逐步成为世界各国普遍推行的信息化法律制度之一，建立政府信息公开制度为大势所趋。随着经济与信息技术发展，群众对于政府信息需求量增高，对政府信息发挥服务经济社会生产生活的期待升温，我国为实现公正行政的目标也必然应当出台政府信息公开相关法律，逐步建立起完善的政府信息公开制度，引导政府行政行为走向公正透明的法治化道路。

第二，党和国家对政府信息化工作的重视。在国内政策上，国家逐步加强社会主义民主建设，高度重视信息公开在法制建设工作中不可替代的作用。信息化建设工作早在"十五"计划中便已经提到了战略高度，在2001年国家信息化领导小组会议就明确了信息化要政府先行的决策，同时在后续会议中明确把制定政府信息工作条例作为制度建设重点。①我国对于政府信息公开立法有较长时间的发展。1998年，我国便对政府信息公开立法进行立项。2003年，原国务院信息办委托专家起草《政府信息公开条例（专家建议稿）》。2007年，国务院常务会议通过《政府信息公开条例》，并于2008年终得以实施。在《政府信息公开条例》长达十年的制定历程中，也出现了许多部门规范性文件以及地方性规章、法规，如2003年1月1日，第一部系统规范政府信息公开行为的政府规章《广州市政府信息公开规定》颁布实施。

　　第三，主权在民的关切。在宗旨意识上，人民政府的本质属性是人民性，政府权力来源于人民，也受人民支配，政府治理目的及治理过程应当体现主权在民。②政府信息产生于公共管理活动，具有公共属性，政府在治理过程获取的政府信息只是由政府掌握而非政府所有，因此政府不能作为信息垄断者独享公共信息，应当将信息向公众公开，由全体人民共享共用。③政府的外部管理行为总是有行为对象，即行政相对人，无论以个人还是以组织作为行政相对人，在管理过程中产生的信息

---

① 参见周汉华《起草〈政府信息公开条例（专家建议稿）〉的基本考虑》，载《法学研究》2002年第6期。
② 李瑞昌：《行政逻辑——当代中国政府治理原理》，上海人民出版社2021年版，第48页。
③ 杨小军：《政府信息公开时政问题研究》，国家行政学院出版社2014年版，第16页。

与该个人或组织存在直接或间接的利益相关性，便应当使其知晓。[1]推行行政法治的目的就是保护公众的权利，政府信息公开同样是为了便民、利民，因而公开信息这一行为并不是行政的目的，而是保障人民群众利益的手段和工具。[2]

（二）立法沿革

《政府信息公开条例》是第一部专门规范政府信息公开及利用，保障公民知情权的行政法规。《政府信息公开条例》于2007年1月17日由国务院第165次常务会议通过并予公布，自2008年5月1日起施行。随着我国全面推进依法治国进程加快，政府信息公开出现新问题、新情况，《政府信息公开条例》适用环境发生重大改变，在施行11年后，于2019年公布修订后的《政府信息公开条例》并施行。2019年的修订对于政府信息公开行为有了更加明确的要求，进一步加大了《政府信息公开条例》规定落实的保障力度。修订后的条例共6章56条，分为总则、公开的主体和范围、主动公开、依申请公开、监督和保障、附则。相较于修订前的《政府信息公开条例》而言，2019年《政府信息公开条例》进一步明确了政府信息公开的主体，提出了"以公开为常态、不公开为例外"的政府信息公开原则，扩大公开范围，将保障人民知情权与规制政府信息滥用相结合，更加有利于保障公民权利，制约与监督政府权力行使。

---

[1] 杨小军：《政府信息公开时政问题研究》，国家行政学院出版社2014年版，第18页。

[2] 陈富智：《关于〈政府信息公开条例〉的几个问题（上）》，载《中国行政管理》2007年第11期。

（三）立法目的

随着社会信息化进程加快以及行政法律制度体系建设愈加完善，2008年通过的《政府信息公开条例》在实施过程中遇到多种新问题，修订《政府信息公开条例》势在必行。2016年2月17日，中办、国办印发的《关于全面推进政务公开工作的意见》，明确要求修改条例。①修订后的《政府信息公开条例》第一条开宗明义呈现立法目的："为了保障公民、法人和其他组织依法获取政府信息，提高政府工作的透明度，建设法治政府，充分发挥政府信息对人民群众生产、生活和经济社会活动的服务作用，制定本条例。"由此，《政府信息公开条例》的立法目的主要有以下几项。

第一，保障人民群众知情权。《政府信息公开条例》将保障人民群众知情权放在了首要位置，充分获取信息是公民参与法治政府建设的前提。②公民的知情权体现在"知的权利"和"知的自由"两方面。《政府信息公开条例》第五条对信息公开原则作出了如下规定："行政机关公开政府信息，应当坚持以公开为常态、不公开为例外，遵循公正、公平、合法、便民的原则。"其中，"以公开为常态、不公开为例外"为2019年修订时新增内容。在2008年《政府信息公开条例》出台时，未明确规定此原则，实际上是对政府信息公开范围的限制，即只满足了知情权中"知的权利"，却未能满足"知的自由"，在其遵循原则上未能充分体现保护公众知情权的立法初衷，仅

---

① 《关于全面推进政务公开工作的意见》规定："（十五）完善制度规范。建立健全政务公开制度，注重将政务公开实践成果上升为制度规范……修订政府信息公开条例，完善主动公开、依申请公开信息等规定。"
② 王勇：《法治政府建设》，国家行政学院出版社2010年版，第190页。

为人民群众公平公正获取政府信息提供了法律依据及法律保障，[1]但公众所能获取的政府信息仍局限在有限范围内。修订后的《政府信息公开条例》则规定了"以公开为常态、不公开为例外"的原则，其内在含义为对于政府在执政过程中所掌握的信息，除非法律规定不得公开，其他一切均应当公开，为公众"知的权利"及"知的自由"提供了法律依据，再次明确了《政府信息公开条例》是一部立足于保障公民知情权的法律。

第二，提高政府工作透明度，建设法治政府。《政府信息公开条例》规定了主动公开及依申请公开两种信息公开方式。《政府信息公开条例》第十九条规定："对涉及公众利益调整、需要公众广泛知晓或者需要公众参与决策的政府信息，行政机关应当主动公开。"第二十七条规定："除行政机关主动公开的政府信息外，公民、法人或者其他组织可以……申请获取相关政府信息。"将公开信息控制权最大限度从政府手中取回，对政府的自由裁量行为进行约束，避免信息公开流于形式。英国有句著名的法律格言："正义不仅要实现，而且必须以人们能看见的方式来实现。"如果公众无法得见正义的处置过程，那么正义的标准也无法被公众衡量。"没有公开则无所正义。"[2]将政府掌握的信息通过主动或依申请的方式向公众公开，是树立人民当家作主权利观念最直接的做法。向公众揭开政府行政的神秘面纱，对提高政务行为透明度与公信力起着重要推动作用。公众能通过信息公开制度监督政府部门，使之正确行使权力，督促行政行为向客观、适度、符合理性看齐，防

---

[1] 王玉林：《〈政府信息公开条例〉立法目的解读——是保障知情权抑或其他？》，载《云南大学学报》（法学版）2010年第3期。

[2] 〔美〕哈罗德·J.伯尔曼：《法律与宗教》，梁治平译，三联书店1991年版，第48页。

止行政权力滥用，以实现依法行政。

第三，推进服务型政府建设。服务式行政是一种以人为本的治理方式，治理的主要目的是为公众服务，治理的价值取向是增进民生福祉。公民与政府的关系可以看作委托与代理之间的关系，公民选举出政府并将行政权委托给政府来代理，但是政府的代理行为必须维持公民的权利和利益，且为公民服务。① 政府信息公开制度以民主服务为立足点，树立信息公开理念，通过政府信息公开制度充分发挥政府对公众生产生活的服务保障作用。此外，政府信息公开制度是建立政府与人民之间信任的重要机制，为政府与人民就行政事务取得一致观念提供了沟通渠道。② 政府在行使职权过程中应尽可能多地向人民争取信任，民众交付信任源于政府执政为民的感召，源于对行政行为真正做到为民服务的评价累积。相应地，政府也应当信任人民，鼓励公众积极参与行政事务，将行政方式向服务型、合作型转变。善治的基础是人与政府和谐统一，政府将所掌握的信息向公众公开，通过沟通协商消解矛盾，实现行政法治由指令与服从的政府权力单向施行模式向指导与合作的行政权力与人民权利双向互动模式转变，搭建行政机关与人民群众之间沟通的桥梁，更好实现政府信息公开对人民群众生产、生活和经济社会活动的服务作用。③

---

① 〔澳〕欧文·E.修斯：《公共管理导论》，彭和平等译，中国人民大学出版社2001年版，第268页。
② 周佑勇：《行政法基本原则研究》，武汉大学出版社2005年版，第266页。
③ 参见李瑞昌《行政逻辑——当代中国政府治理原理》，上海人民出版社2021年版，第246页。

二 法律知识要点

（一）基本原则

1. 最大化公开原则

《政府信息公开条例》确立了最大化公开的原则，这可以从以下几个方面来认识。

其一，从是否公开的标准上看。2019年《政府信息公开条例》修订新增规定"以公开为常态"，将其正式上升为政府信息公开指导原则，确立了"以公开为常态、不公开为例外"的政府信息公开基本原则，弥补了2008年《政府信息公开条例》在公开标准设置上的不足。"以公开为常态"也是现代国家实行政府信息公开的普遍遵循，这一原则与我国行政机关主动公开政府信息规定相配套，成为判断信息公开界定模糊问题的一项基础性法律依据，明确回答了"必须公开事项"与"免除公开事项"之外的其他政府信息是否公开的问题，即除依法不可公开的，政府信息一律应当公开。促使政府信息常态化公开，政府信息公开向制度化、长效化推进，推动信息公开工作由"一项政府权力"向"一份政府义务"理念转变。

其二，从公开的信息范围上看。《政府信息公开条例》第二条规定："本条例所称政府信息，是指行政机关在履行行政管理职能过程中制作或者获取的，以一定形式记录、保存的信息。"第十三条规定："除本条例第十四条、第十五条、第十六条规定的政府信息外，政府信息应当公开。"可见政府信息形成与公开并不局限于特定期间或特定程序，也不局限于形成过程和产生方式，唯一的判定标准为行政行为是否对政府机关外部产生影响，最大限度地拓展了政府信息的内涵，使政府信息公开覆盖权力运行全流程。

其三，从公开主体上看。我国《政府信息公开条例》为国务院制定的行政法规，所规范的公开政府信息的义务主体为各级人民政府及各行政机关。此外，《政府信息公开条例》第五十五条规定了"教育、卫生健康、供水、供电、供气、供热、环境保护、公共交通等与人民群众利益密切相关的公共企事业单位，公开在提供社会公共服务过程中制作、获取的信息"依照相关规定执行信息公开。可见，这一范围非常宽泛，即所有涉及民生利益的机关、单位，均应当对具有公共管理与公共服务性质的职权行使过程中产生的信息进行公开，可以说只要有公权力行使，就有可能适用政府信息公开。

2. 公正、公平、合法、便民原则

2019年《政府信息公开条例》修订将原本"遵循公正、公平、便民的原则"修改为"遵循公正、公平、合法、便民的原则"，新增了合法性原则。

其一，公正原则。公正原则要求行政主体行使行政权力时不偏私，尤其当同一行政行为面对多名公开信息请求人时应尽可能排除干扰因素，避免因信息公开行为导致信息不对称进而造成不公。[①]行政机关对信息是否公开作出决定，并对此决定是否符合法律正义标准负责，对公开与否的决定负有说明义务。《政府信息公开条例》第二十三

---

① 《行政法与行政诉讼法学》编写组：《行政法与行政诉讼法学》，高等教育出版社2018年版，第254页。

条规定，行政机关应建立健全政府信息发布机制，将主动公开的政府信息通过政府公报、政府网站或者其他互联网政务媒体、新闻发布会以及报刊、广播、电视等途径予以公开，以期实现政府信息公开的公正目标。

其二，公平原则。公平原则指行政机关进行政府信息管理工作应当坚持标准的同一性，避免双重标准或多重标准现象，不厚此薄彼，也不因为个人或部分人的利益损害其他人或其他人群的利益，做到平等对待信息公开工作中所有可能有利益关系的相对人。《政府信息公开条例》中多项条款体现公平原则，如第十五条规定，涉及商业秘密、个人隐私等公开会对第三方合法权益造成损害的政府信息，应当征求第三方同意后方可予以公开。

其三，合法原则。依法行政原则是行政基本原则之一，涵盖行政主体法定、职权法定、内容法定多个方面。合法原则是政府信息公开的基本原则，任何一部法律法规都应当以合法原则为先，《政府信息公开条例》修订新增合法原则将原有政府信息公开原则予以完善，健全了我国政府信息公开原则体系。

其四，便民原则。政府机关进行信息公开时应当始终考虑便民、利民，始终遵循便民原则，以便利、有效、高效的方式进行公开，使公众可获得、容易获得政府信息，不得阻碍或变相阻碍公众对政府信息的获取。如《政府信息公开条例》第二十九条规定，行政相对人应书面申请信息公开，书面申请确有困难的可以口头申请；第四十二条规定，行政机关提供政府信息一般不收取费用；等等。

3. 及时、准确地公开政府信息原则

这一原则来自《政府信息公开条例》第六条第一款的明确规定：

"行政机关应当及时、准确地公开政府信息。"根据公开方式不同,《政府信息公开条例》对依职权主动公开和依申请公开事项分别规定了公开期限,明确了政府信息公开的时效。其中,《政府信息公开条例》第二十六条规定,主动公开事项在形成或变更二十个工作日内进行公开;第三十四条、第三十六条规定,依申请公开事项于收到信息公开申请十五个工作日内公开或提出意见,可以公开的事项应告知申请人信息获取方式、途径和具体时间。行政机关对职权范围内的公开内容进行审查,确保信息公开的准确性和真实性,第六条第二款规定,若发现虚假信息或不完整信息可能影响社会稳定的,必要时也应主动发布准确信息用以纠错与澄清。

(二)政府信息公开的启动

根据政府信息公开启动方式不同,可以分为依职权的主动公开和依申请的公开两类。

依职权的主动公开是最基本的政府信息公开方式,这种方式是指行政机关依照法定程序主动将所掌握的政府信息向社会公开,《政府信息公开条例》第三章对主动公开的事项范围、公开途径、公开平台、公开时限、查阅场所均作出了规定。《政府信息公开条例》第二十条明确了十五种应当主动公开的情形,概括起来包括以下几点:(1)涉及行政机关行使职能、依据、程序的,例如制定的规范性文件,若要得到人们遵守,首先应当为公众知晓;(2)涉及社会公众切身利益的;(3)涉及多数公民、法人或其他组织的;(4)法律、法规、规章和国家有关规定应当主动公开的其他政府信息。行政机关建立健全政府信息发布机制,通过法定方式或其他便民、有效的方式公开所涉依据职权应主动公开的政府信息,《政府信息公开条例》第二十三条列举了通过政府公报、政府网站或者其他互联网政务媒体、新闻发布会以及报刊、广播、电视等政府信息公开途径,第二十四条明确要求政府门户网站应当具备信息检索、查阅、下载等功能。政府信息涉及领域广泛、内容类别繁杂、信息数量巨大,信息公开方式多样、灵活度高、选择自由,政府机关应当本着便民高效原则选用合适方式公开政府信息,以便极大提高公开效率,更好实现政府信息公开目的。

依申请的公开是指行政相对人在有需要时请求行政机关对部分政府信息进行公开。该公开方式设置是由于政府在行使职权过程中收集、掌握了大量涉民生信息,仅依职权主动公开无法将涉及公民、法人或其他组织在生产生活、经营经济等方面信息都公开,无法获取相应信息必然极大约束行政相对人的行动能力。[1]为实现服务人民群众生产、生活,服务经济社会的目的,保障公民、法人和其他组织的具体权益,必须规定公众可以依法向指定行政机关申请政府信息公开。相较于依职权主动公开而言,依申请的公开更加具有服务性,公开的主体、公开的内容也是由信息公开请求人提出,行政机关按照信息公开请求人要求的公开形式进行公开。因此,收到信息公开申请的行政机关应审查申请的合法性,衡量信息公开与否的公正性,充分考虑政府信息公开所涉各方权益,不得因个人或少数人的信息公开申请损害多数人的利益,例如对于涉及商业秘密和个人隐私的政府信息,原则上一律不得公开,若公开需先征得利益相关方同意,或当行政机关认为不公开会对公共利益造成重大影响的,可以予以公开。

---

[1] 参见罗豪才《行政法平衡理论讲演录》,北京大学出版社2011年版,第226页。

（三）政府信息公开的豁免

政府信息公开豁免指政府信息公开情形的例外，即免除公开的政府信息事项。信息公开与豁免两个概念是相矛盾的，政府信息公开豁免范围越大，必然对政府信息公开工作带来更多影响。需要明确的是，设立政府信息公开豁免并不违背政府信息公开目的。在充分考量最大社会公共利益的基础上，当政府信息公开会导致利益冲突时，基于对国家秘密、商业利益、个人权益与行政机关内部事务性信息的保护，应当依法保护最广泛的社会公众利益，因此可以依法对部分信息作出不公开处置。我国的政府信息公开在必须公开的事项外存在三种情况的例外，分为绝对不公开、相对不公开和可以不予公开，《政府信息公开条例》第十四条、第十五条、第十六条分别对这三种情况作出规定，这三种情况也是政府信息不予公开的法定理由。

绝对不公开的豁免事项包括涉及或可能涉及国家秘密，或公开将对国家安全、社会稳定带来负面影响的信息，此种信息不可以以任何形式方式公开，即政府信息公开不得危及国家安全、公共安全、经济安全和社会稳定。《政府信息公开条例》第十四条规定了三种情形下的绝对不公开事项：（1）依法确定为国家秘密的政府信息；（2）法律、行政法规禁止公开的政府信息；（3）公开后可能危及国家安全、公共安全、经济安全、社会稳定的政府信息。

相对不公开的豁免事项指一般不得公开，但一定情况下可以公开的情形。《政府信息公开条例》第十五条对此类事项作出规定："涉及商业秘密、个人隐私等公开会对第三方合法权益造成损害的政府信息，行政机关不得公开。但是，第三方同意公开或者行政机关认为不公开会对公共利益造成重大影响的，予以公开。"

可以不予公开的事项指行政机关的内部事务信息和过程性信息，包括人事管理、后勤管理、内部工作流程等方面的信息，以及行政机关在履行行政管理职能过程中形成的讨论记录、过程稿、磋商信函、请示报告等过程性信息以及行政执法案卷信息，但依法应当公开的，以公开为先。

可见我国政府信息豁免是在具有特殊情况下适用的，是基于对各方利益权衡作出的特殊规定，具有正当性与法律目的统一性。信息公开是为了保障公众利益，若信息公开危害了社会公众安全与稳定才是违背了政府信息公开目的，因此从政府信息公开目的上看，政府信息公开豁免并非保障公众知情权的"路障"，而是为了更好保障知情权、建设法治政府的"阀门"。

三 常见法律问题

（一）政府信息公开的救济制度是什么？

在依申请公开的公开方式中，基于当事人对行政机关职权划分的一般了解，会出现申请公开主体错误的情况，或者申请公开的内容客观上不存在、申请理由不合理、内容不明确、申请材料不充分等问题，此时为了最大限度保障人民知情权、落实便民利民服务举措，行政机关应当依法履行告知义务及说明理由义务。依据《政府信息公开条例》第三十六条规定，对申请公开的内容是否予以公开应当及时告知当事人，且对不予公开的事项也应向当事人说明；对于不存在及不属于本部门掌握的信息应当告知申请人并说明理由，若能确定相应信息负责机关的应当明确告知当事人该相关部门名称及联系方式。《政府信息公开条例》第三十条规定，申请内容不明确的应当给予指导和释明，一次性告知申请人作出补正，说明需要补正的事项和合理的补正期限。《政府信息公开条例》第五十一条规定，公民、法人或者其他组织认为行政机关在政府信息公开工作中侵犯其合法权益的，可以通过投诉、举报的方式进行救济，也可以依法申请行政复议或者提起行政诉讼。此处"侵犯其合法权益"的界定可以从侵犯知情权、侵犯隐私权及商业秘密权两方面展开：在实践中，往往存在行政机关拒绝公开政府信息的理由不合规的现象，如不予公开理由不属于法定理由，仅为内部规定，①迟延解释甚至不予解释，严重侵害当事人依法享有的知情权及监督权；或是行政机关虽满足了申请人的知情权所需，但信息公开的内容涉及了第三方商业秘密或个人隐私，侵犯第三方合法权益等情况。以上政府信息公开中的行政机关以作为或不作为方式导致的侵权，行政相对人均能通过诉权的行使寻求救济。

（二）如何规制政府信息公开的申请权、诉权滥用问题？

随着法治观念深入人心，公众利用法律维护个人权益的热情增高，学法用法在全社会正蔚然成风，伴随而来的是政府信息公开制度在功

---

① 王敬波、李帅：《我国政府信息公开的问题、对策与前瞻》，载《行政法学研究》2017年第2期。

能实现上的异化风险。①某些怀有报复心理或捣乱态度的人员凭借政府信息公开制度向行政机关施加压力，多次提起相似的、琐碎的政府信息公开申请或行政诉讼，更有甚者将政府信息公开制度及相关行政诉讼作为牟利手段，对行政机关职能正常行使及其他行政相对人合法权益造成严重影响。为限制虚假诉讼、恶意诉讼、无理缠诉等滥用诉权的情形，法院应当依法对行政诉讼当事人资格进行认定。对当事人资格进行审查即审查申请人享有诉权的依据，行政诉权的构成要件包括三个方面：行政争议的可诉性、当事人适格及诉的利益。②对滥诉行为的排除重点集中在当事人的主观意图和客观行为上，判定是否构成滥诉可从当事人主观上有无重大过错或明显恶意，客观上有无为了谋取不当利益或为了妨害行政机关实行公务而实施诉讼行为两个角度展开。以陆红霞诉南通市发展和改革委员会政府信息公开答复案为例，若公民提起政府信息公开申请根本目的不是维护自身知情权而是怀有恶意，将构成诉权滥用，可对当事人的政府信息公开申请及行政诉讼行为进行合理且适当的限制。③

保护当事人诉权，应当依法主动、及时公开政府信息。对上述恶意诉讼、无理缠诉的理解应谨遵最小化解释原则，严格限制对恶意诉讼的认定，以充分保障当事人的诉讼权利。但是，一般来说，政府信息公开行政诉讼产生的根本原因是公众穷尽其他救济途径仍无法解决问题，侧面反映了公众知情缺保障、维权少渠道、与政府机关沟通存

---

① 参见高鸿《滥诉之殇引发的再思考》，载《中国法律评论》2016年第4期。
② 参见马立群《论行政诉权的构成要件与审查规则》，载《南京大学法律评论》2013年第1期。
③ 参见《陆红霞诉南通市发展和改革委员会政府信息公开答复案》，中华人民共和国最高人民法院公报，http://gongbao.court.gov.cn/details/e3af370ff3c78f1657069b4d4e137f.html。

在障碍。若行政机关能够依法主动、及时公开政府信息，加大政府信息公开的力度和范围，切实保障当事人的知情权和个人利益，那缠诉、滥诉行为必然大大减少。①

（三）如何有效利用政府信息公开方式？

当前，政府信息公开的方式还比较单一，有待进一步推进多元化公开机制建设，尤其未能充分利用互联网平台，未充分借助信息化手段进行政府信息公开，政府门户网站中政府信息公开的数量及范围有待扩大，门户网站缺少互动模式导致沟通效率偏低。如某些地区在数字化建设方面投入技术及力量少，信息公开网站基础功能性差、数据更新维护少，依职权主动公开的政府信息不能及时公开，依申请公开的信息没法做到《政府信息公开条例》第四十四条第一款规定的当多个申请人就相同可公开的政府信息向同一行政机关提出公开申请，可纳入主动公开的范围，即因公开机制建设不足导致的信息公开范围窄缩。此外，不管是依职权主动公开还是依申请公开，绝大多数地区的政府信息公开实践仅停留在当事人以某种途径得知政府信息为限，缺少与公众的互动机制，大大削弱了政府信息公开制度装置对于政府机关与人民群众之间沟通衔接的效用。如缺少政府信息公开咨询板块或热线提供，或即便提供了咨询服务但功能效用未充分展现，网站咨询入口难以找到甚至根本无法打开咨询窗口的现象仍然存在。行政机关推进政府信息公开制度建设，应落实服务宗旨，简化当事人申请政府信息公开所需手续，做好沟通设置及程序性指引工作，增强服务型政

---

① 参见章剑生《行政诉讼中滥用诉权的判定——陆红霞诉南通市发展和改革委员会政府信息公开答复案评释》，载《交大法学》2017年第2期。

府门户网站建设，有效促进政府同公众之间的沟通与交流。

（四）如何解决政府信息公开中的个人隐私保护问题？

政府信息公开与个人隐私保护之间存在一定的紧张关系。政府信息公开中侵犯当事人隐私的情况有两种：一是直接侵害了信息公开申请人的隐私权；二是虽满足了信息公开申请人的知情权，却导致第三方的个人隐私遭到侵害。商业秘密受到侵犯的情况同样可作如此划分。政府信息公开与个人隐私保护之间存在目的背离：前者将政府所掌握的信息公开化处理，保障的是公共利益；后者将作为个人隐私的信息隐匿化保护起来，保障的是个人权益。又因在政府信息公开中对个人隐私概念的界定存在难题，公共利益的扩张势必影响个人权益的保障，行政机关作为政府信息公开主体对人民群众知情权与隐私权之间的衡量变得尤为重要。

解决上述问题的关键在于第三方隐私的界定。《政府信息公开条例》第三十二条对保障第三方隐私权有如下程序性规定："依申请公开的政府信息公开会损害第三方合法权益的，行政机关应当书面征求第三方的意见……第三方逾期未提出意见的，由行政机关依照本条例的规定决定是否公开。第三方不同意公开且有合理理由的，行政机关不予公开。行政机关认为不公开可能对公共利益造成重大影响的，可以决定予以公开，并将决定公开的政府信息内容和理由书面告知第三方。"依《政府信息公开条例》规定，当面对涉及第三方合法权益时，行政机关在进行政府信息公开时需进行如下三步审查：首先判断是否涉及第三方个人隐私；其次判断第三方主张不公开的合理性；最后判断不公开对公共利益是否存在重大影响。可见三步审查中贯穿了行政机关裁量权的行使，政府信息公开与个人隐私之间关系的厘定由行政机关结合事实进行考量，其中包含了对个人隐私的保护以及对保障公共利益的权衡。此外，《政府信息公开条例》第三十七条规定，"申请公开的信息中含有不应当公开或者不属于政府信息的内容，但是能够作区分处理的，行政机关应当向申请人提供可以公开的政府信息内容，并对不予公开的内容说明理由"，对政府信息公开中的区分处理规则作出了概括规定，有效中和个人隐私与公共利益间的矛盾，通过构建个人隐私与公共利益间的衡平机制来缓解第三方个人隐私权与申请人知情权的直接冲突，[①]督促信息公开申请人对自身需求有针对性地进行申请，避免了行政机关作出不当拒绝的可能性，在现有制度框架内切实提高政府信息公开透明度与实效性。

---

① 解志勇、汤淑杨：《政府信息公开中"第三方个人隐私"的适用》，载《中国司法》2021年第4期。